ABCDEFG
HIJKLMN
OPQRSTU
VWXYZ

0123456
789

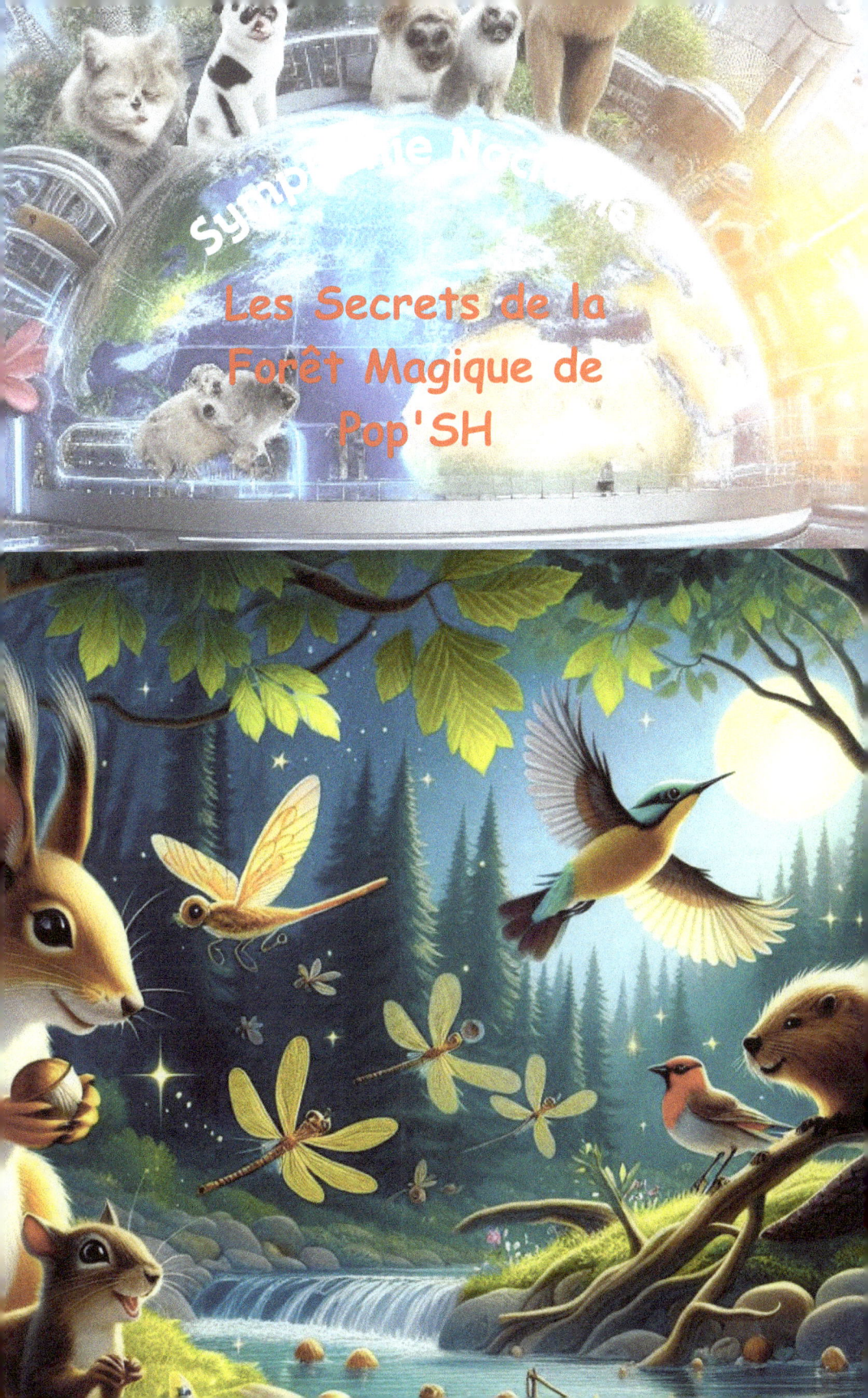

Symphonie Nocturne

Les Secrets de la Forêt Magique de Pop'SH

SOMMAIRE

Histoire	pages 7 à 17
Présentation des personnages	pages 19 à 25
Presentation de La forêt	26 à 27
Explications de textes	29 à 30
Description des personnages	31 à 33
Atelier de créations	35 à 48
Atelier de dessins	49 à 60
Decouverte	63 à 82
Ouvrages	85 à 92
Adresse, contact remerciements	93 à 94

Les vacances d'automne
Au cœur de la forêt magique de Pop'SH,

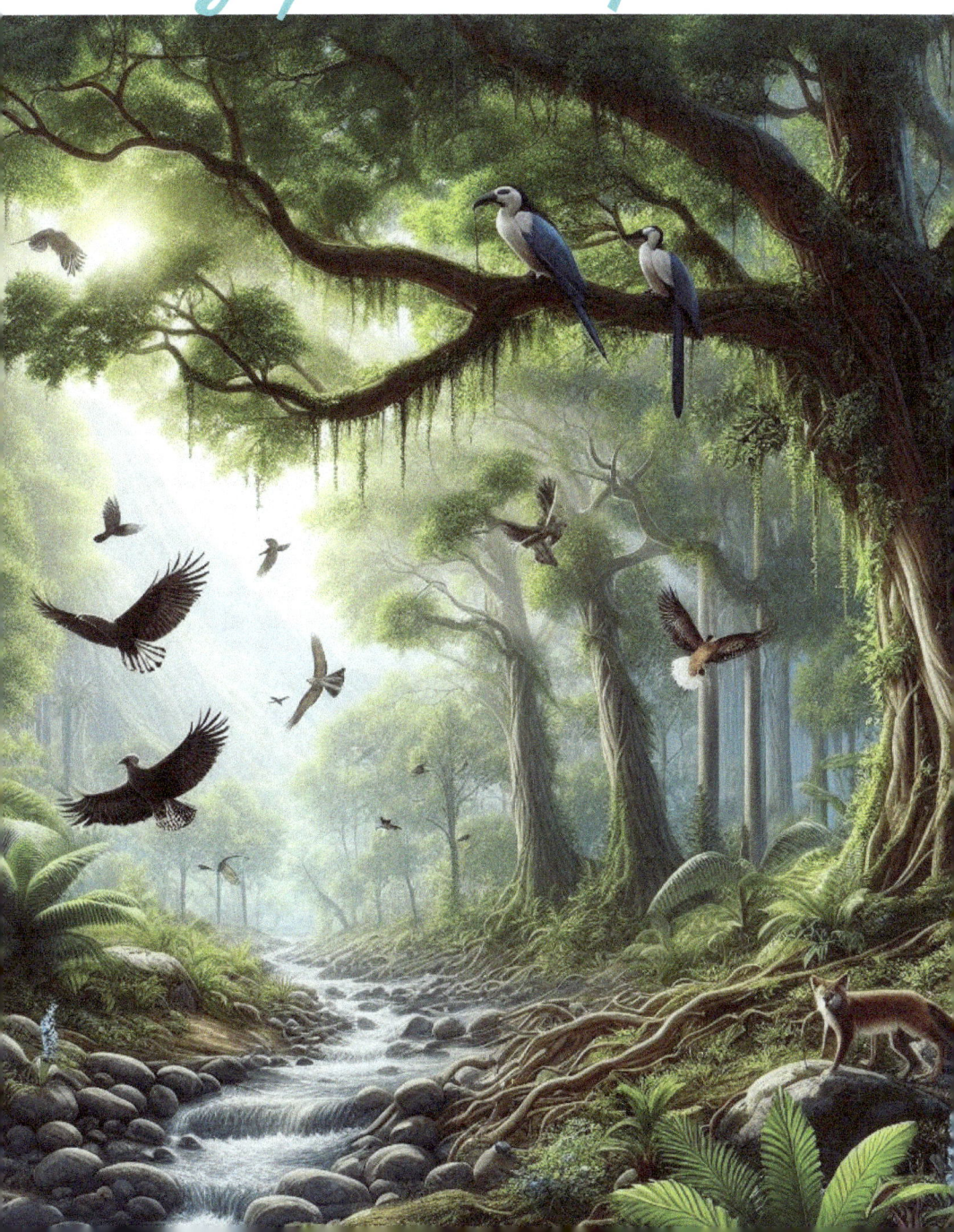

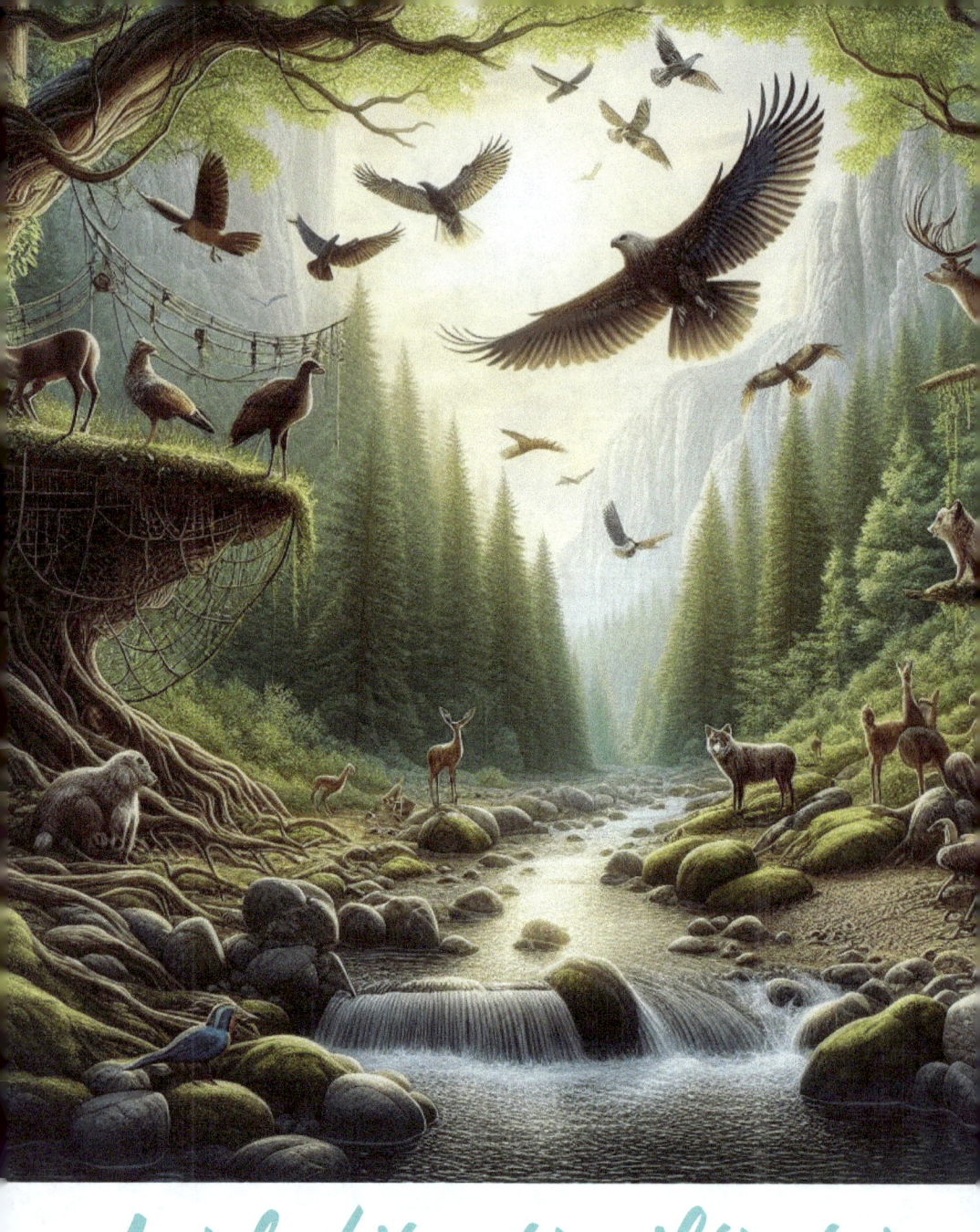

Les habitants ailés et à quatre pattes vivent en parfaite harmonie.

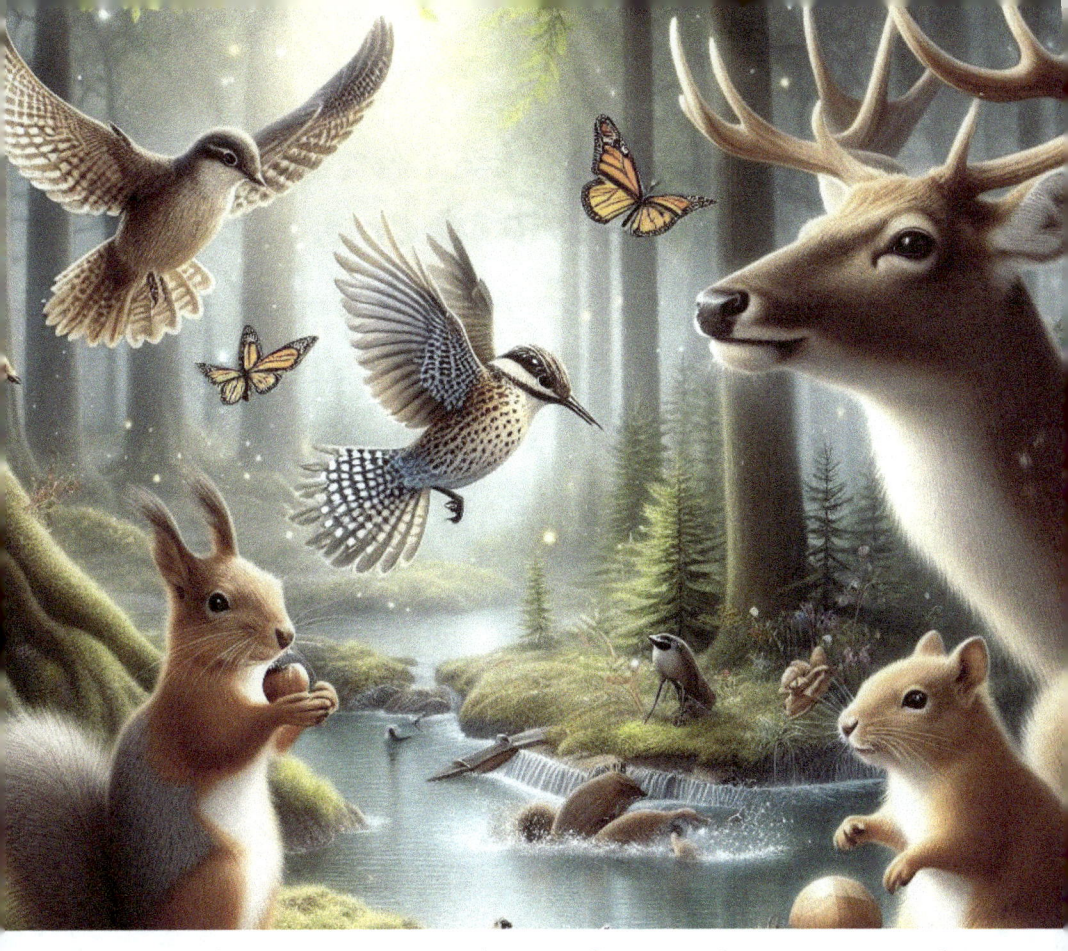

Dans le royaume des arbres, les écureuils sont les acrobates impertinents, jonglant avec les noisettes comme s'ils étaient les stars d'un cirque de la forêt. Leurs queues touffues sont comme des pinceaux espiègles, peignant des traits de vie et de gaieté à travers les branches. Toujours pressés, toujours curieux, ils semblent danser avec la brise, répandant une énergie espiègle partout où ils vont.

Les habitants chantent, sautillent et s'envolent avec grâce.
L'écureuil malin chuchote à l'oiseau chanteur.

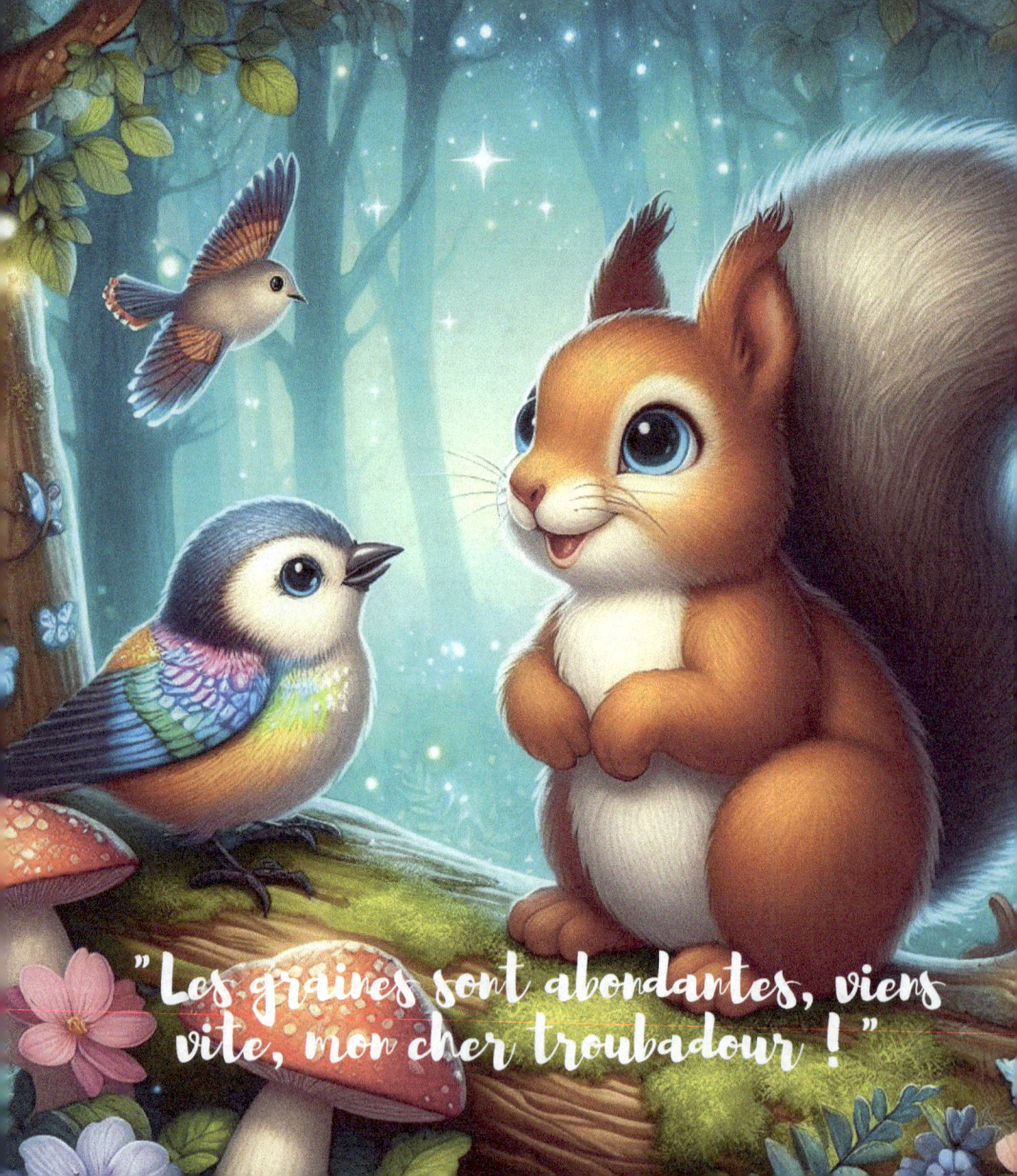

"Les graines sont abondantes, viens vite, mon cher troubadour !"

Le castor, le hibou et le cerf se saluent d'un signe,

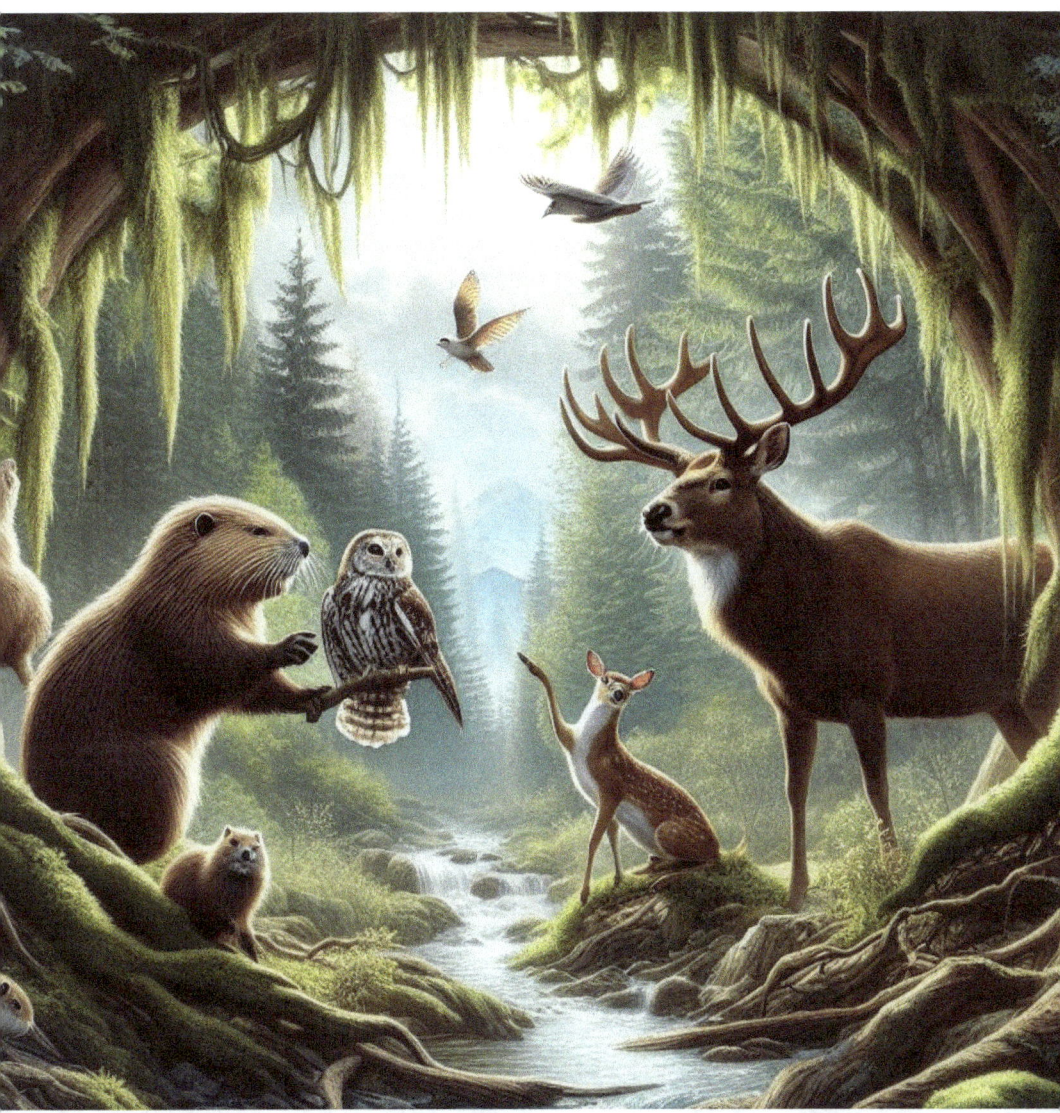

"Bonsoir, chers amis, que la nuit nous soit divine !"

Libellule: "Bonjour, cher Castor! Je vois que tu travailles dur à construire ces barrages. Cela aidera à maintenir l'eau dans la rivière et à préserver notre habitat.

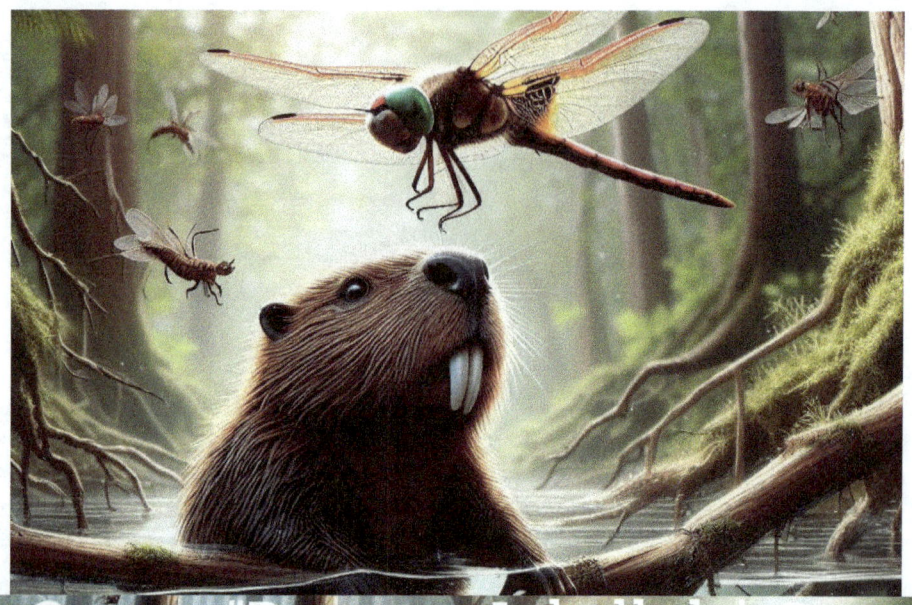

Castor: "Bonjour, Libellule! Oui, en effet, je m'efforce de renforcer nos défenses contre les fluctuations de l'eau. Tes éclats de lumière ajoutent une touche magique à notre forêt, c'est une belle contribution à notre écosystème."

Libellule: "Merci, Castor! Et sais-tu que tes barrages créent des habitats pour de nombreuses autres espèces? Ils offrent des zones calmes et protégées où les poissons peuvent pondre leurs œufs et où les petits animaux peuvent se reposer en sécurité."

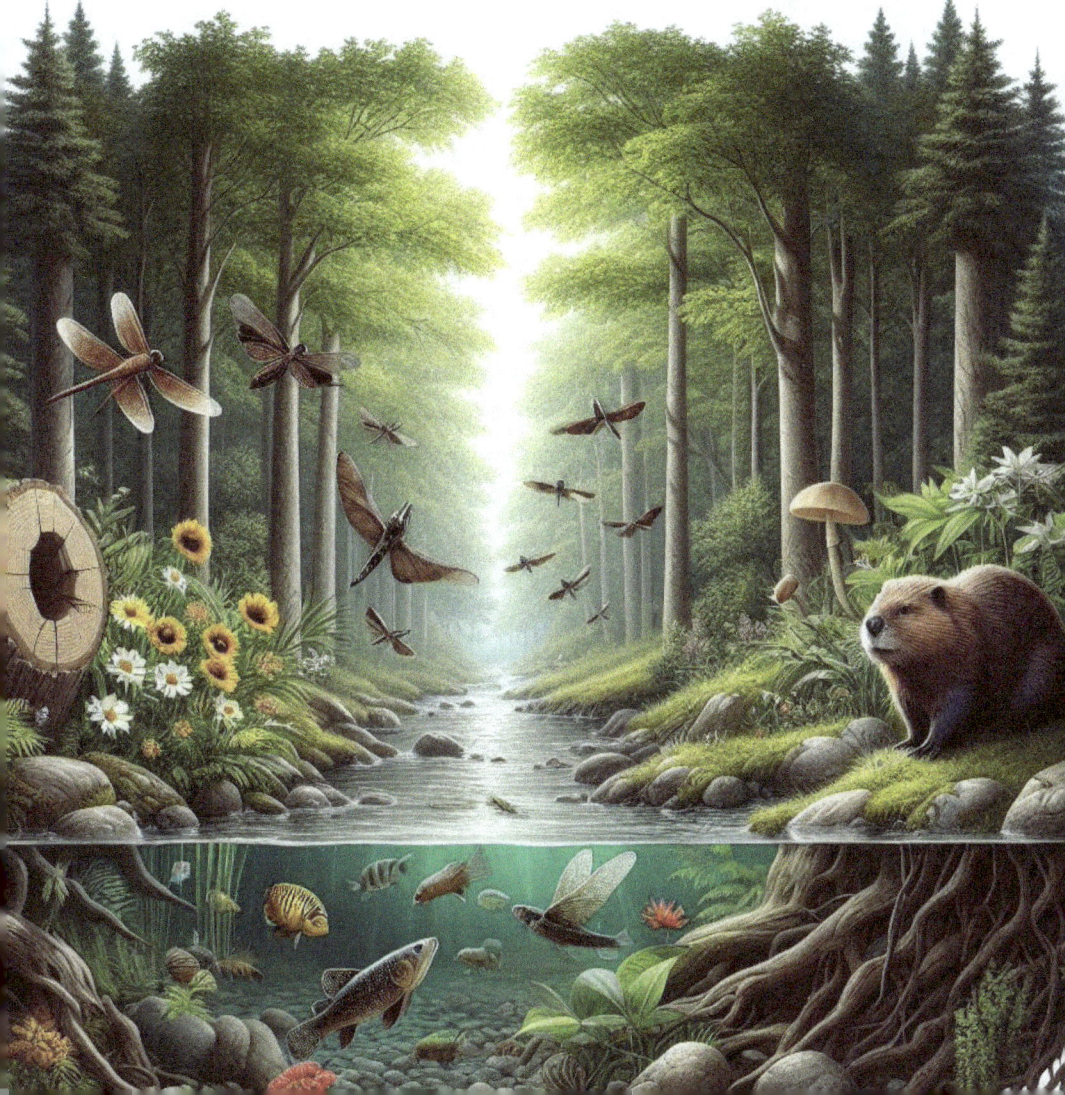

Oiseau: "Bonjour, noble Cerf! Tes bois sont aussi majestueux que les arbres de notre forêt."

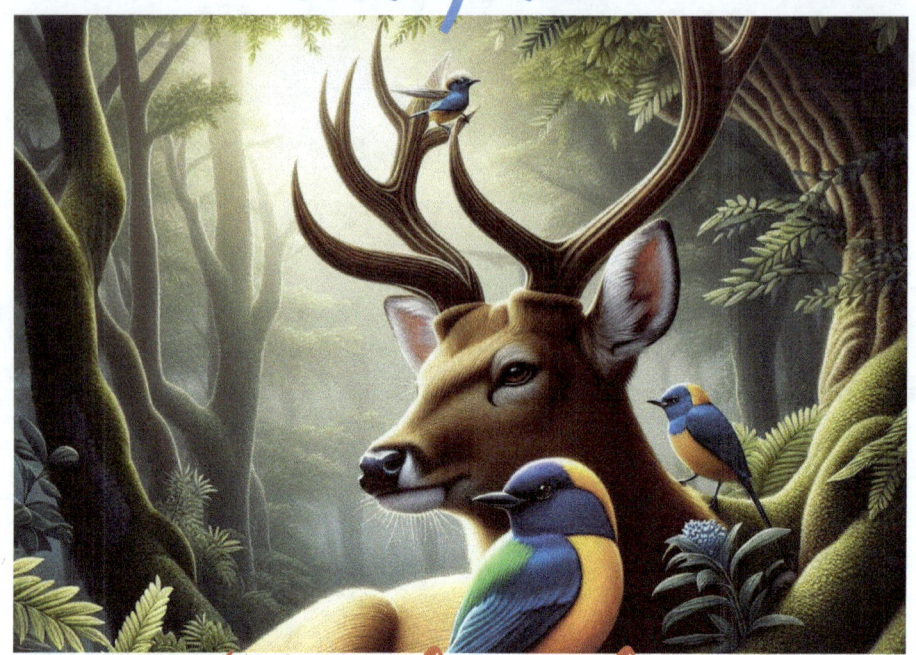

Cerf: "Quel compliment, merci! Et tes mélodies sont comme des étoiles qui illuminent nos journées."

Oiseau: "Alors, continuons à protéger notre royaume enchanté, ensemble."

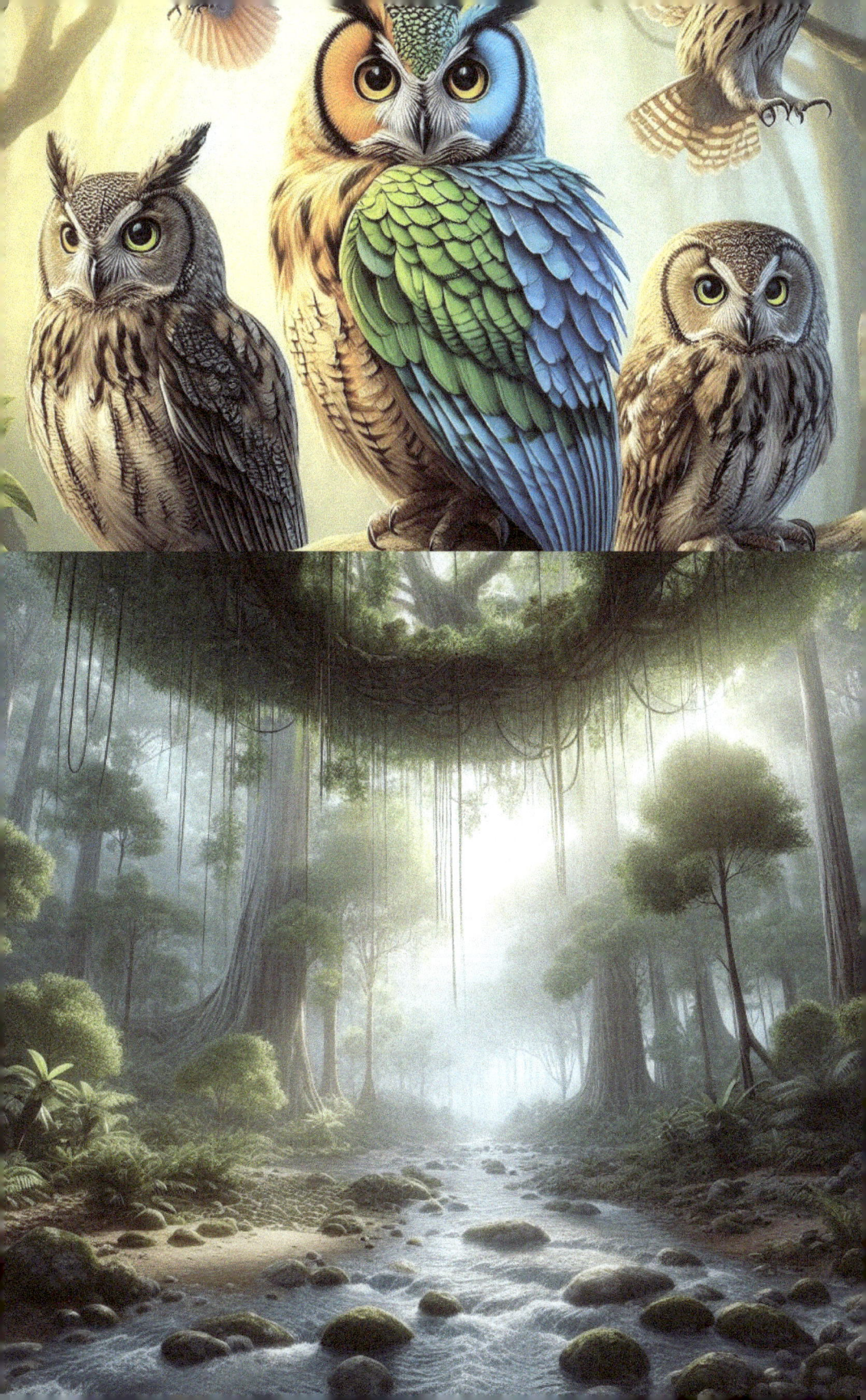

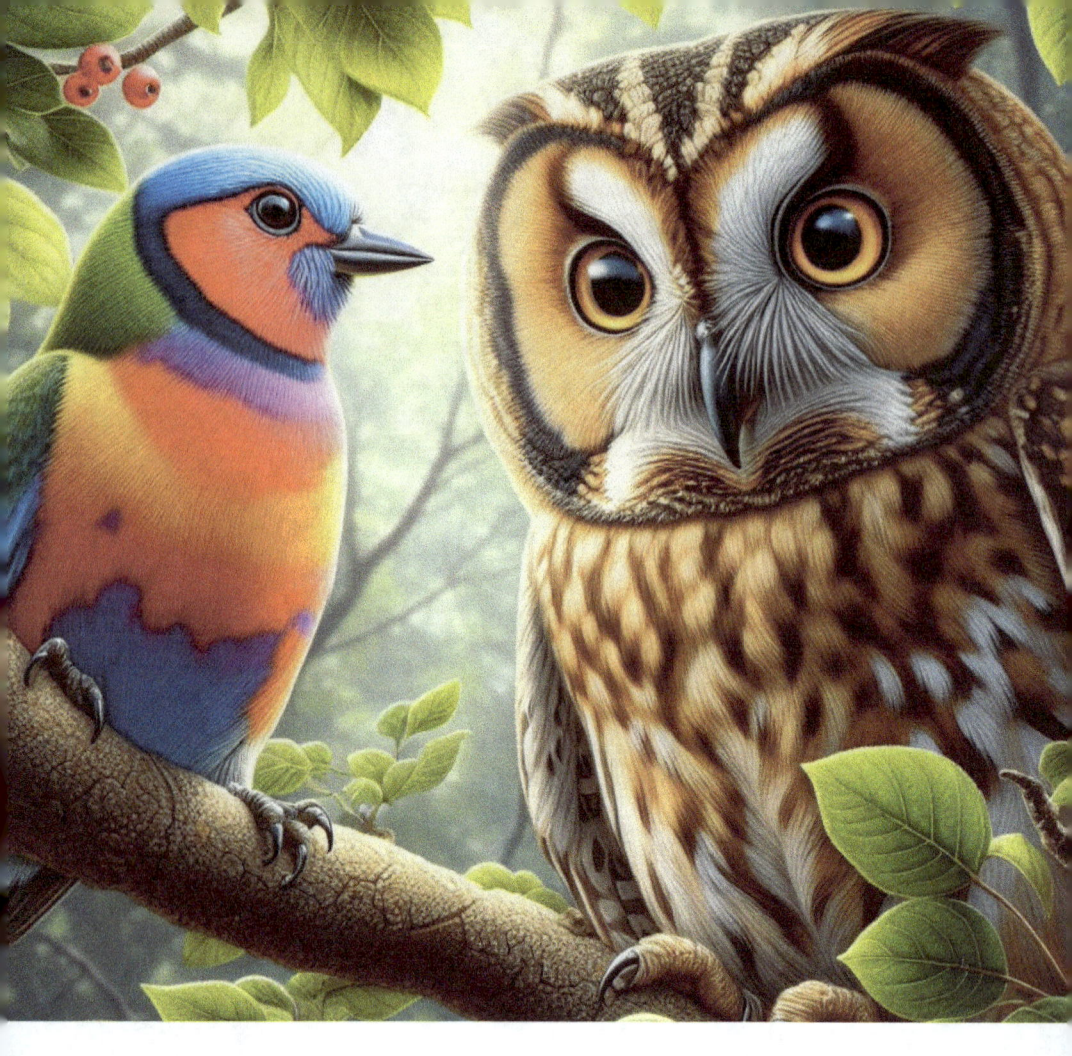

Hibou : "Bonjour, petit Oiseau ! Comment se porte notre merveilleuse forêt aujourd'hui ?"

Oiseau : "Bonjour, sage Hibou ! Elle respire la vie comme toujours, mais j'ai remarqué quelques arbres malades près du ruisseau."

Hibou: "Ah bon? Merci de m'avoir informé. Je vais jeter un coup d'œil et voir ce que je peux faire pour les aider à guérir. Tes yeux vifs sont vraiment précieux pour notre écosystème."

Oiseau: "Merci, Hibou! Ensemble, veillons sur notre habitat et préservons sa beauté pour les générations à venir."

Hibou: "Absolument, petit Oiseau. Notre collaboration est essentielle pour maintenir l'équilibre de notre cher environnement."

PRÉSENTATION

DES HÉROS

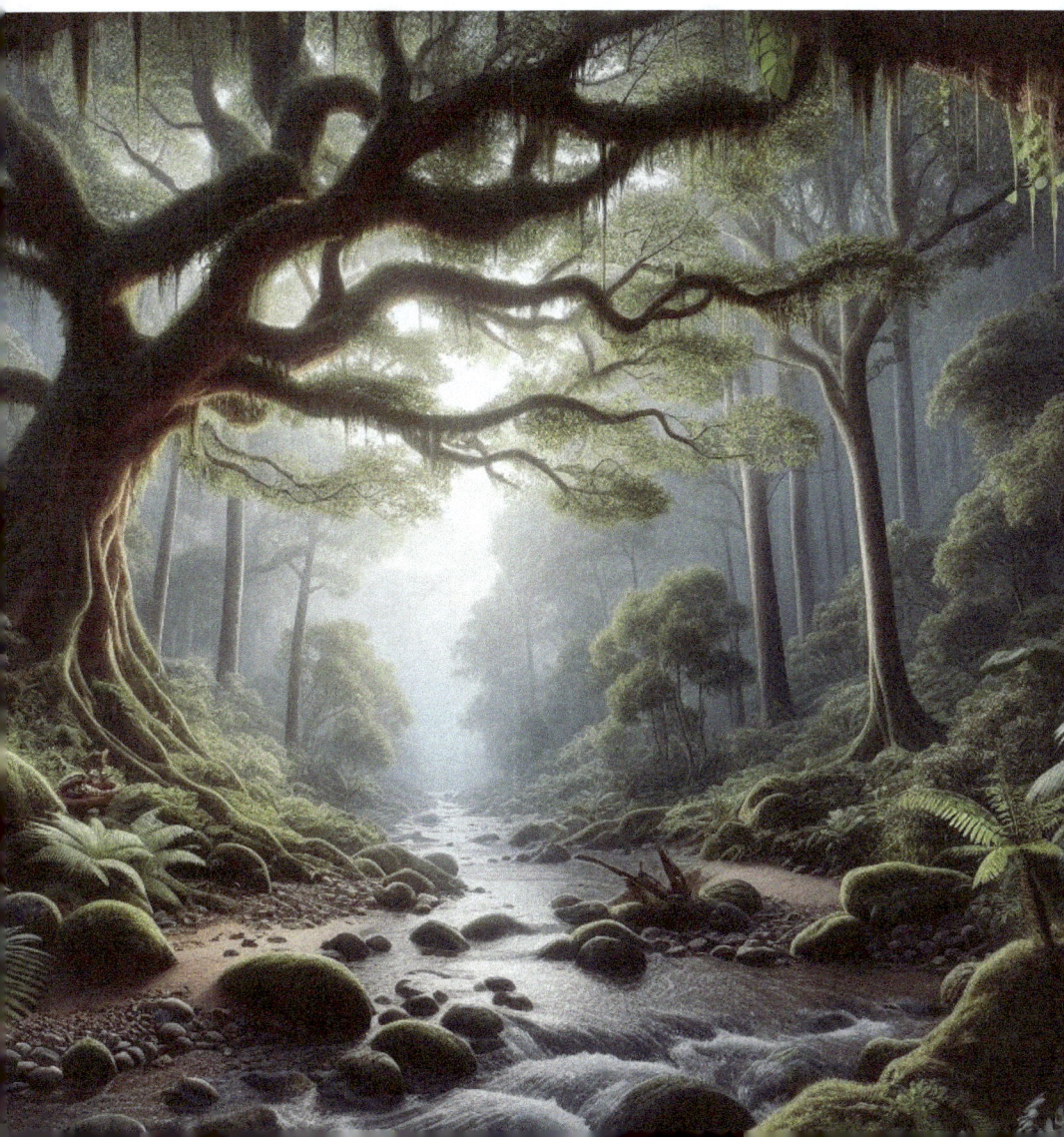

Édouard Écureuil

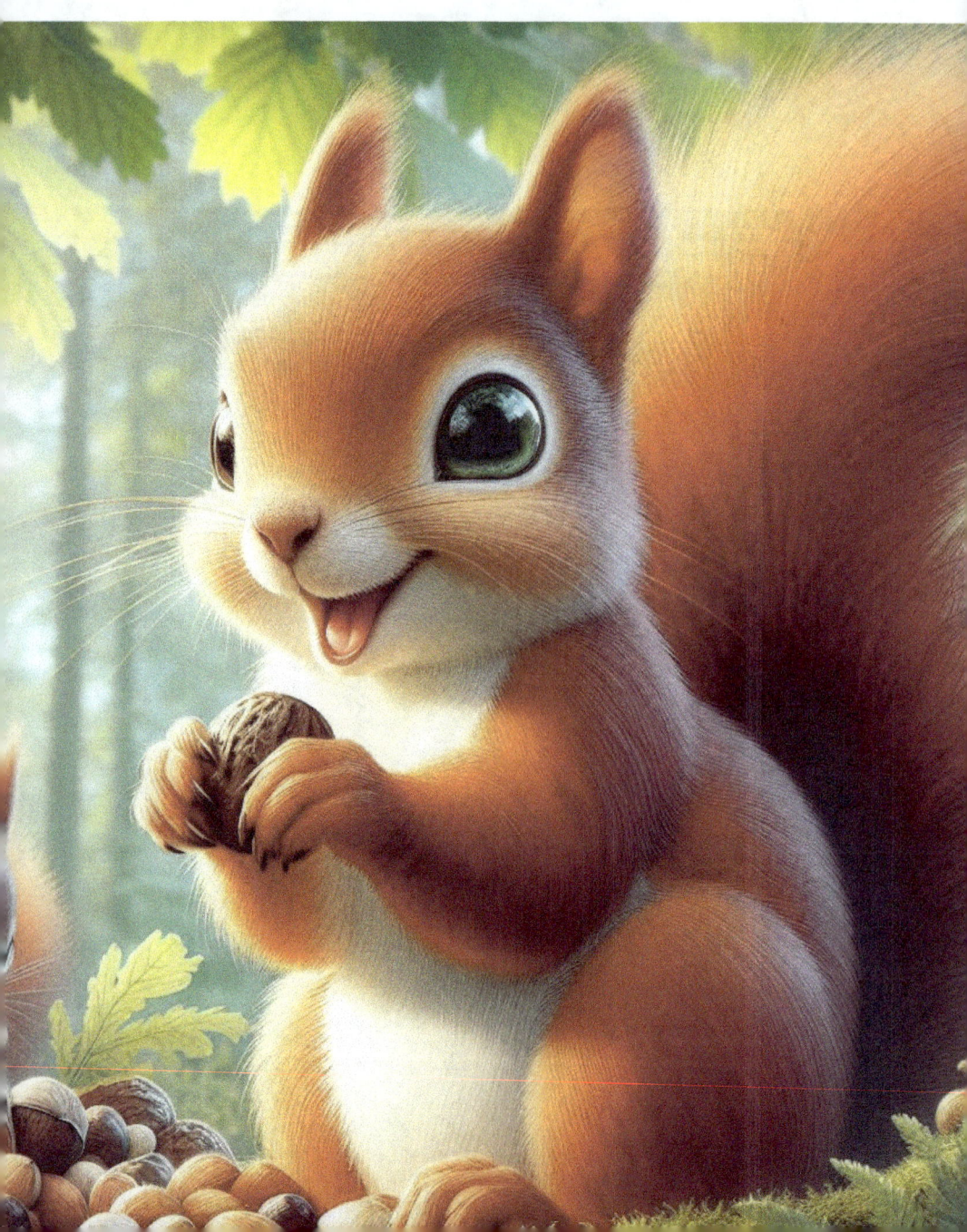

Olivier l'Oiseau

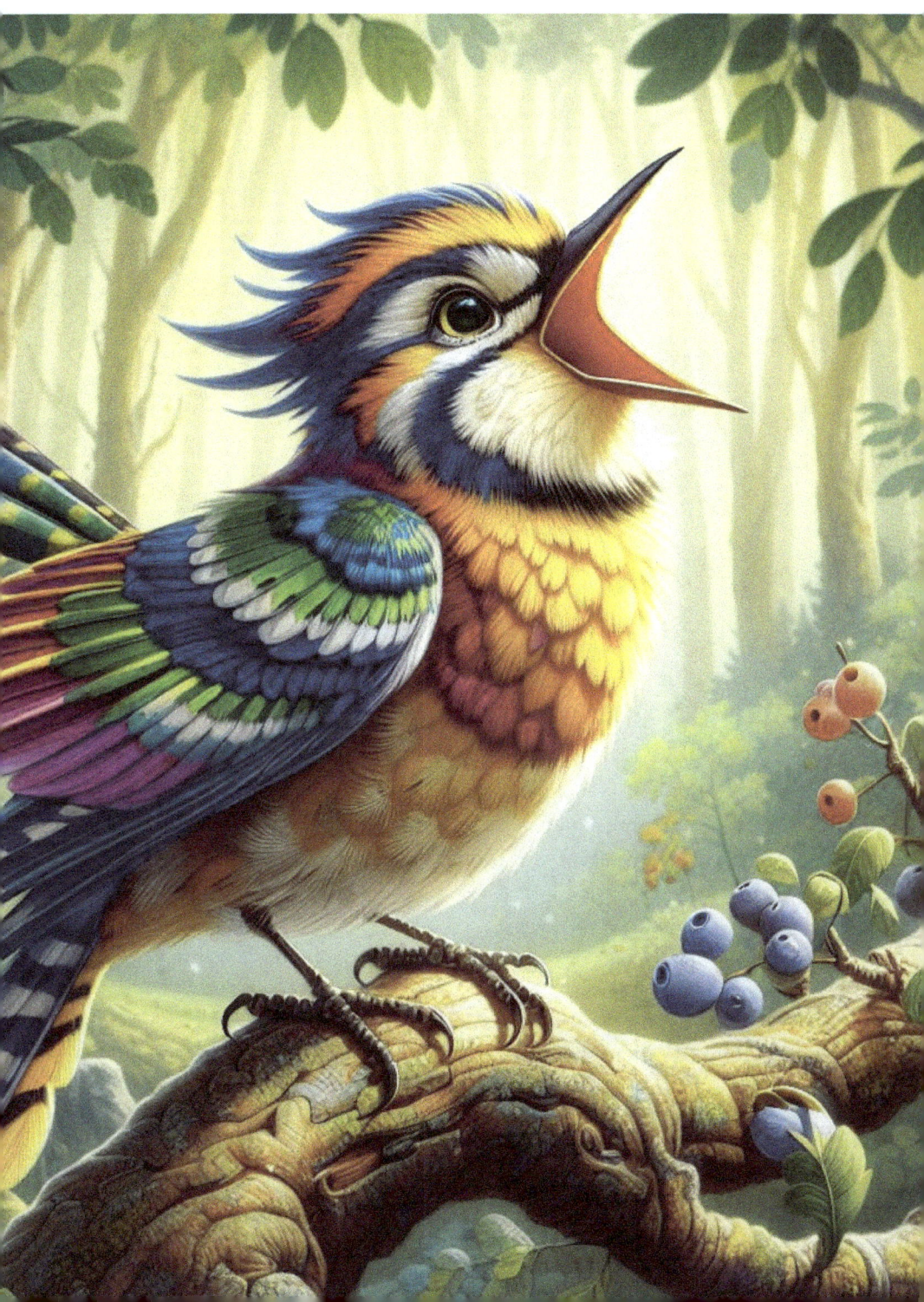

Clarisse la Castor

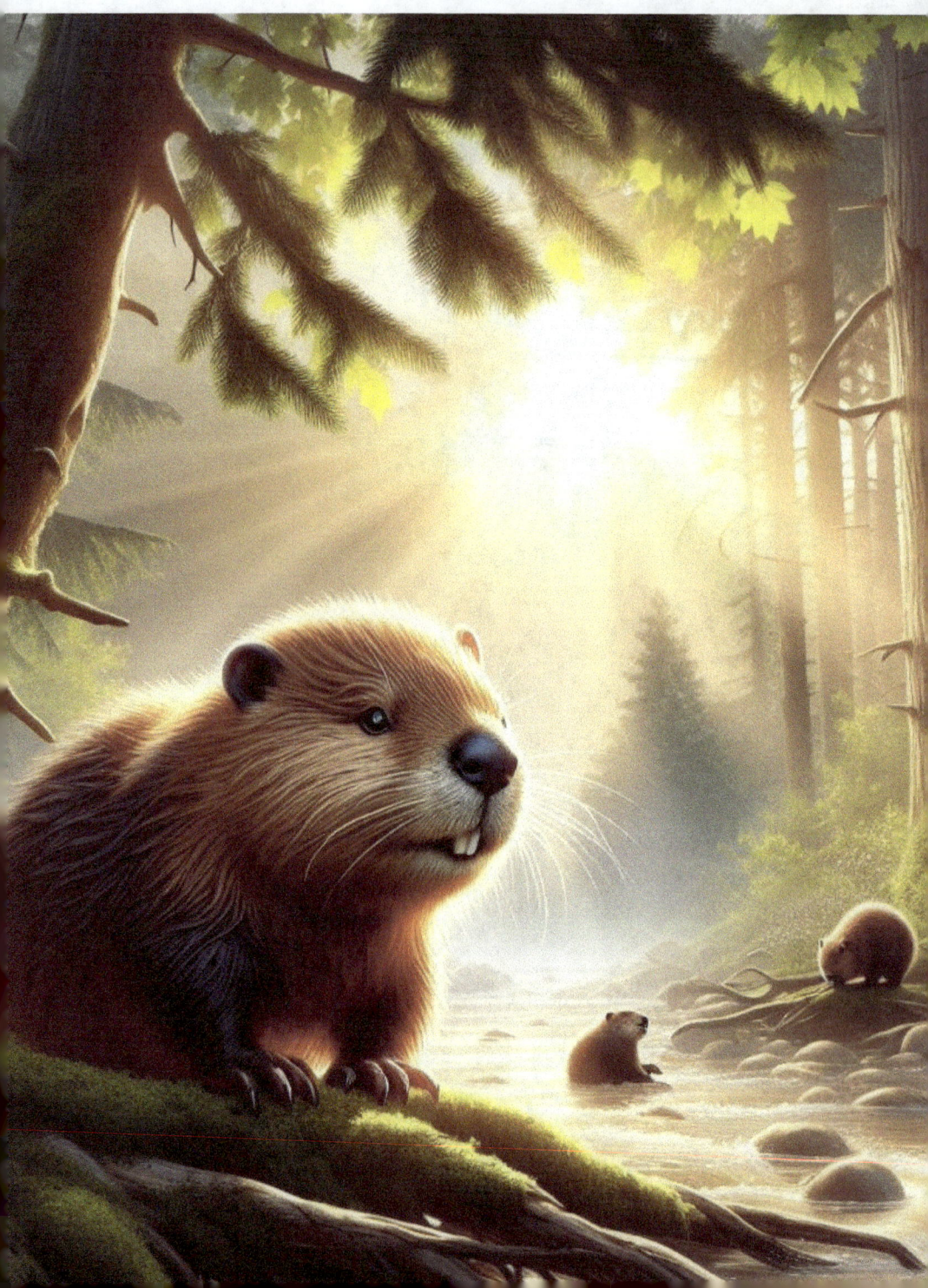

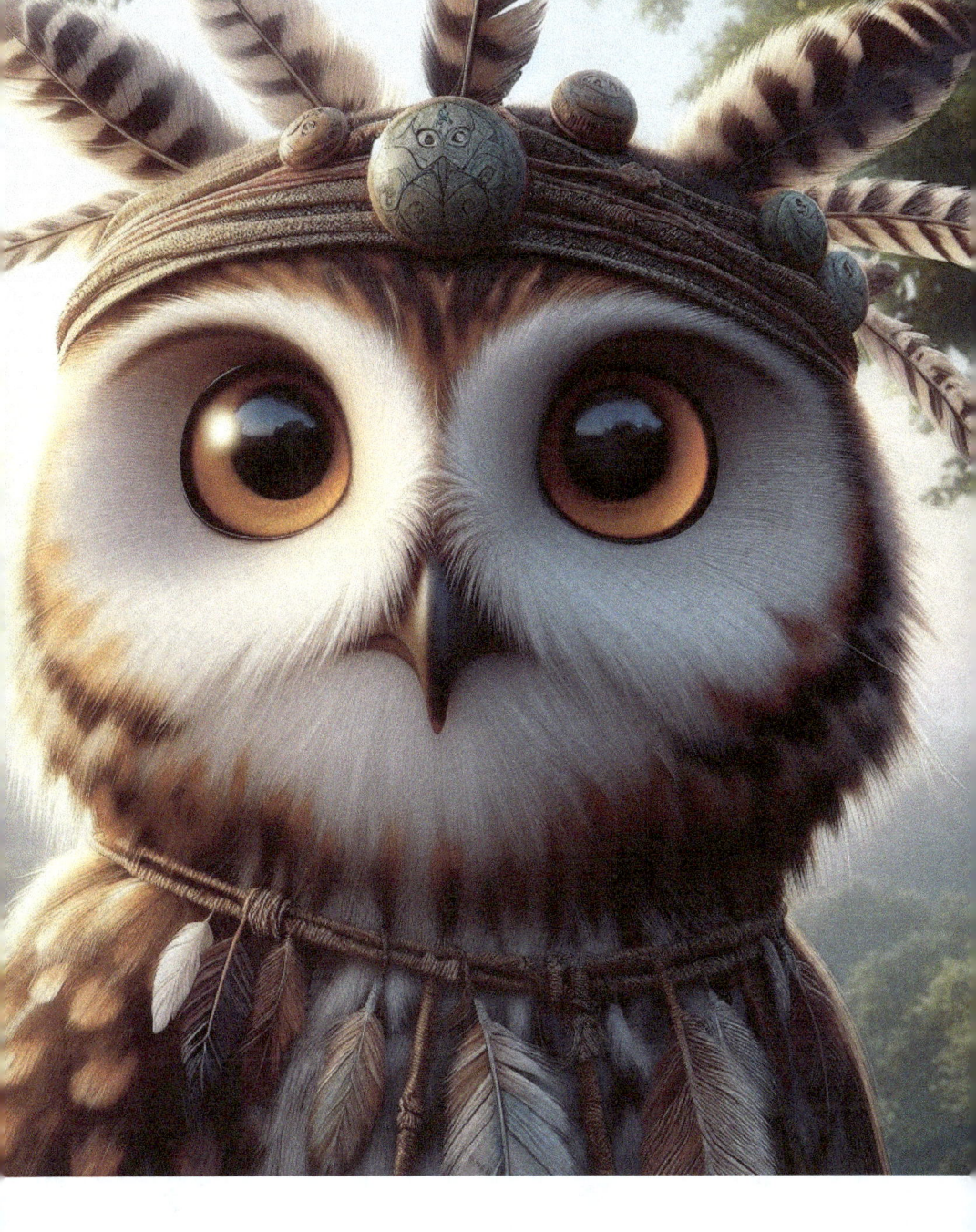

Hector le Hibou

Léa la Libellule

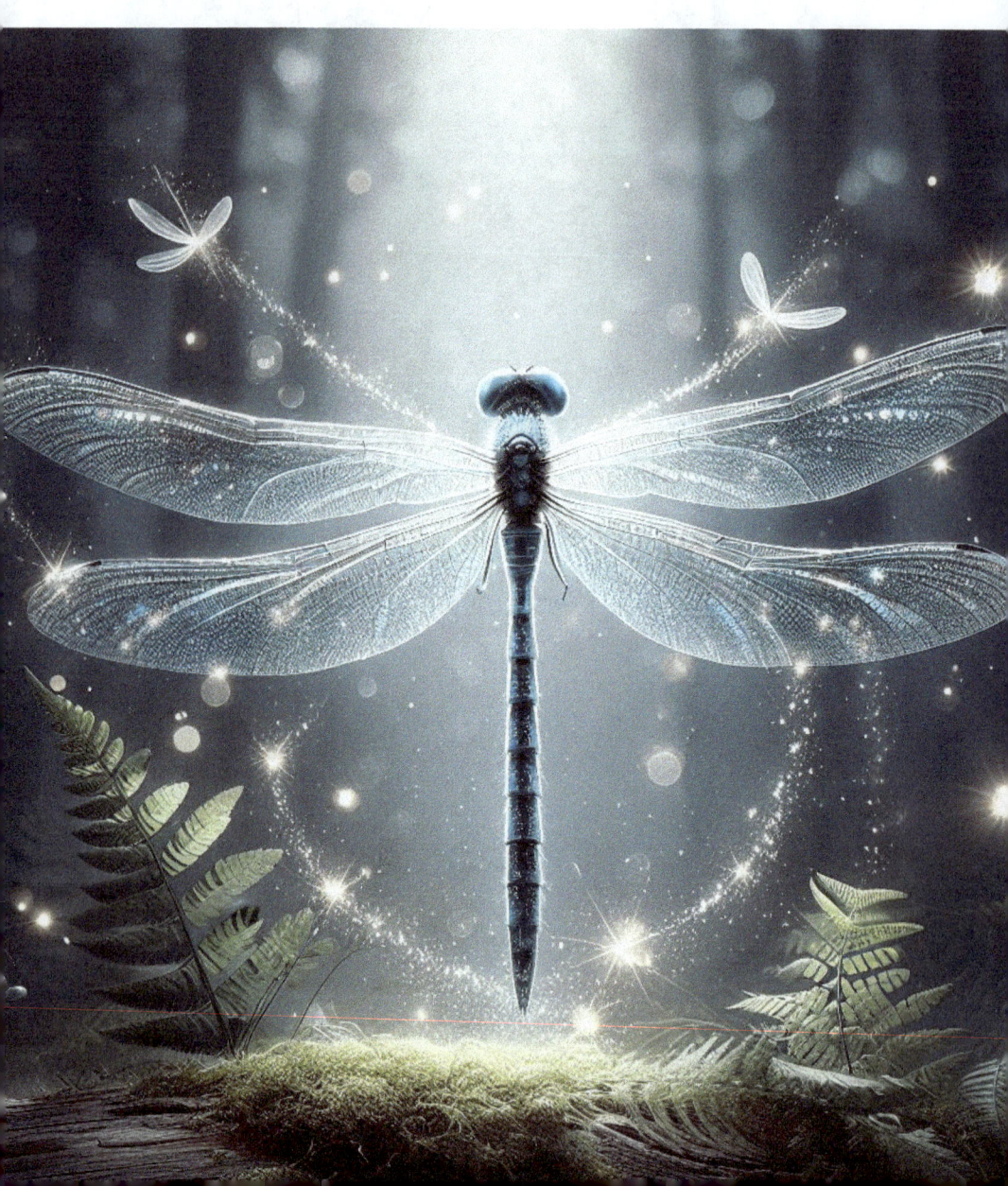

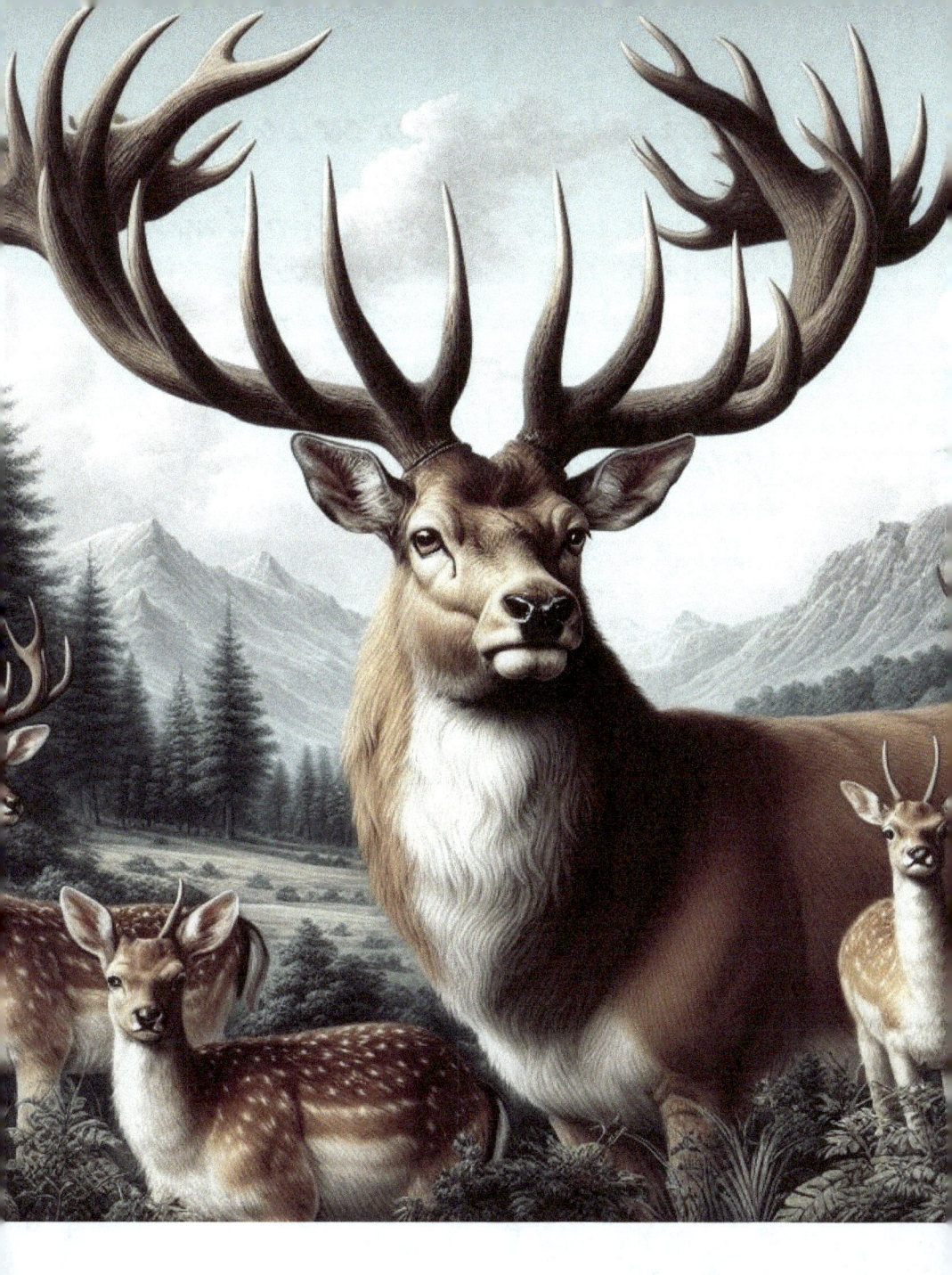

César le Cerf

Chaque matin, au cœur de la canopée,
leur quête de préservation devenait un conte envoûtant, où les arbres chuchotaient des secrets écologiques et les rivières murmuraient des histoires de préservation, transformant chaque découverte en aventure.

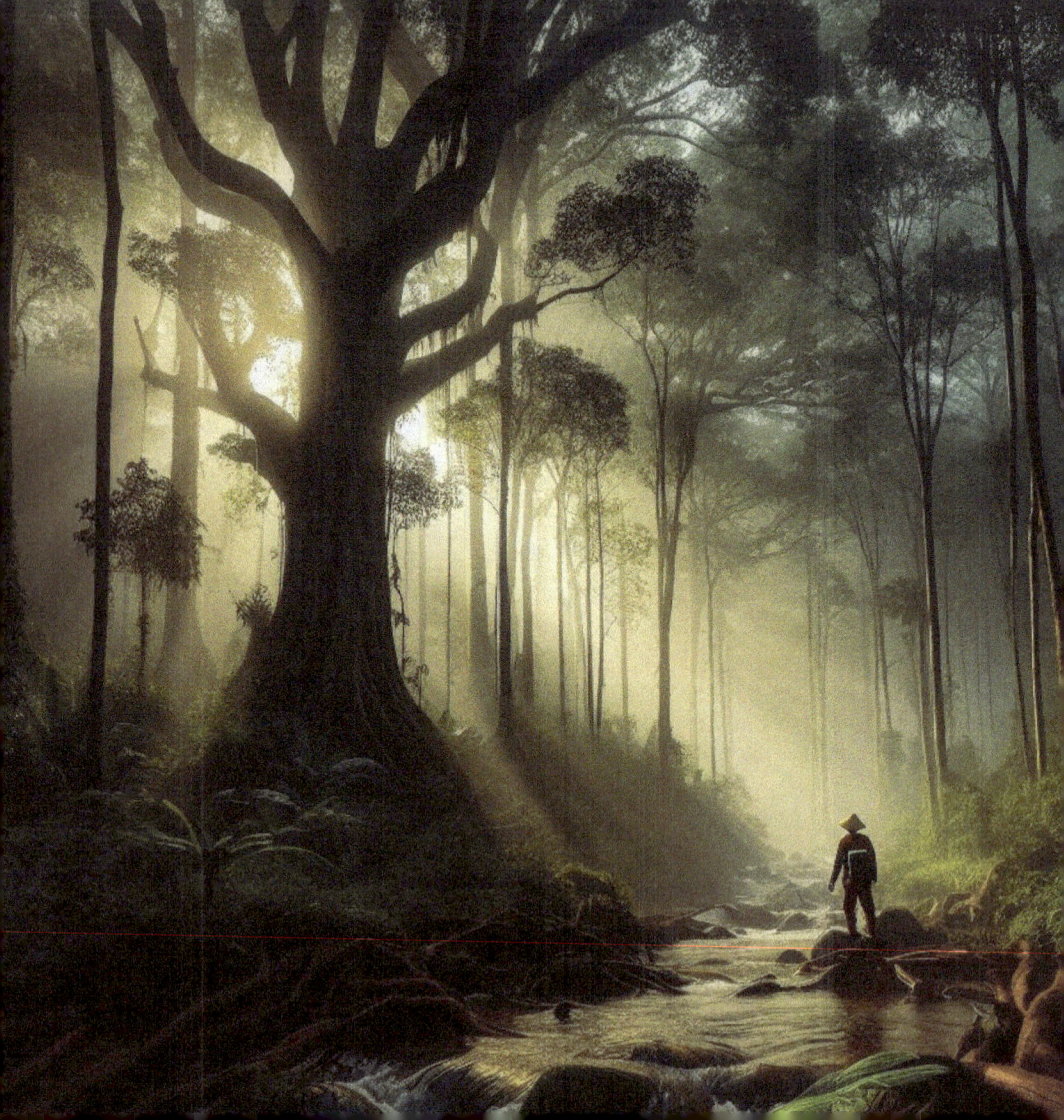

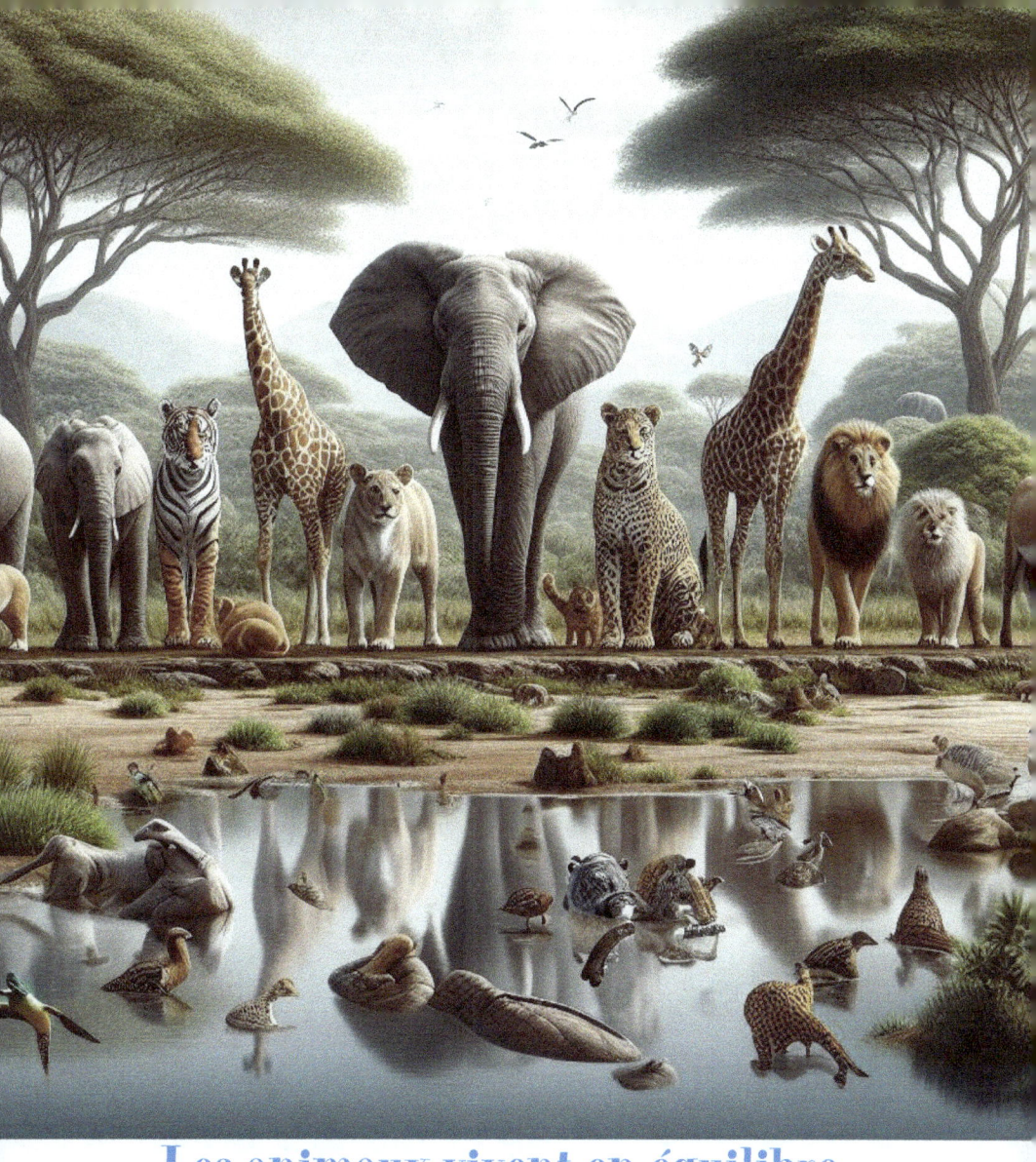

Les animaux vivent en équilibre grâce à leurs connaissances sur l'environnement,

utilisant leurs instincts

et leurs comportements pour maintenir l'harmonie dans leur habitat naturel."

EXPLICATIONS DE TEXTE

L'appellation "troubadour" pour l'oiseau chanteur est une manière poétique de souligner sa capacité à produire de belles mélodies et à répandre la musique dans la forêt.

Les troubadours étaient des poètes et des musiciens médiévaux qui parcouraient les terres en chantant des chansons d'amour et de chevalerie, d'où la comparaison avec l'oiseau chanteur qui, à sa manière, répand la beauté à travers ses chants.

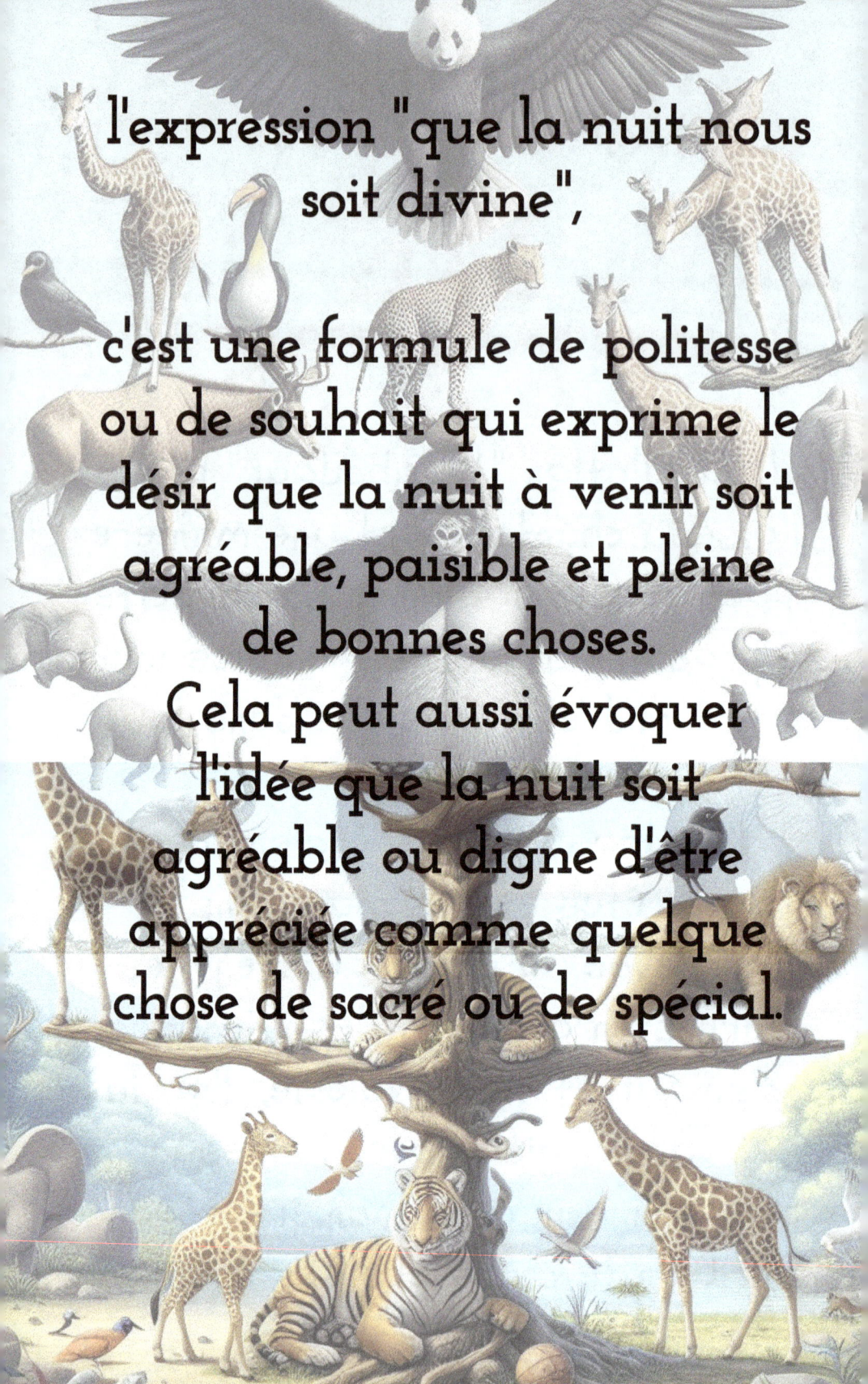

l'expression "que la nuit nous soit divine",

c'est une formule de politesse ou de souhait qui exprime le désir que la nuit à venir soit agréable, paisible et pleine de bonnes choses. Cela peut aussi évoquer l'idée que la nuit soit agréable ou digne d'être appréciée comme quelque chose de sacré ou de spécial.

Présentation des personnages

&t

DESCRIPTION

voici une liste des personnages avec des descriptions

Présentation des personnages

🟤 1. Édouard Écureuil

- Édouard est un écureuil malin au pelage roux et à la queue touffue. Toujours en train de sauter de branche en branche, il partage généreusement ses noisettes avec ses amis de la forêt. Avec son esprit vif et sa vivacité, Édouard apporte une touche de malice et de bonne humeur à chaque journée.(page 65)

🟠 2. Olivier l'Oiseau

- Olivier est un oiseau chanteur au plumage coloré et au chant mélodieux. Toujours perché sur une branche, il répand la musique dans la forêt avec ses chants enchanteurs. Comparé à un troubadour médiéval, Olivier est le maître des mélodies et des airs joyeux qui résonnent à travers la forêt.(pages 66 à 69)

🟣 3. Clarisse la Castor

- Clarisse est une castor habile et déterminée. Toujours occupée à construire des barrages pour protéger la rivière, elle est le symbole même du travail d'équipe et de l'ingéniosité. Avec son sens de la communauté et son énergie débordante, Clarisse montre aux autres que rien n'est impossible lorsqu'on travaille ensemble. (pages 70 à 72)

Présentation des personnages

4. Hector le Hibou
- Hector est un hibou sage aux yeux perçants et au vol silencieux. Toujours vigilant, il veille sur la forêt de nuit comme de jour, protégeant ses habitants des dangers potentiels. Avec sa sagesse ancestrale et son calme imperturbable, Hector est le gardien de la paix et de la tranquillité dans la forêt.(pages 73 à 75)

5. Léa la Libellule
- Léa est une libellule gracieuse aux ailes translucides. Son vol élégant laisse derrière elle des éclats de lumière qui enchantent tous ceux qui les voient. Toujours en mouvement, Léa représente la beauté éphémère et la liberté insouciante qui caractérisent la vie dans la forêt.(pages 76 à 78)

6. César le Cerf
- César est un cerf majestueux aux bois imposants et au regard noble. Roi de la forêt, il veille sur son royaume avec bienveillance et fermeté. Avec sa prestance et son charisme naturel, César est respecté de tous les habitants de la forêt et incarne la force et la grâce des animaux sauvages.(pages 79 à 82)

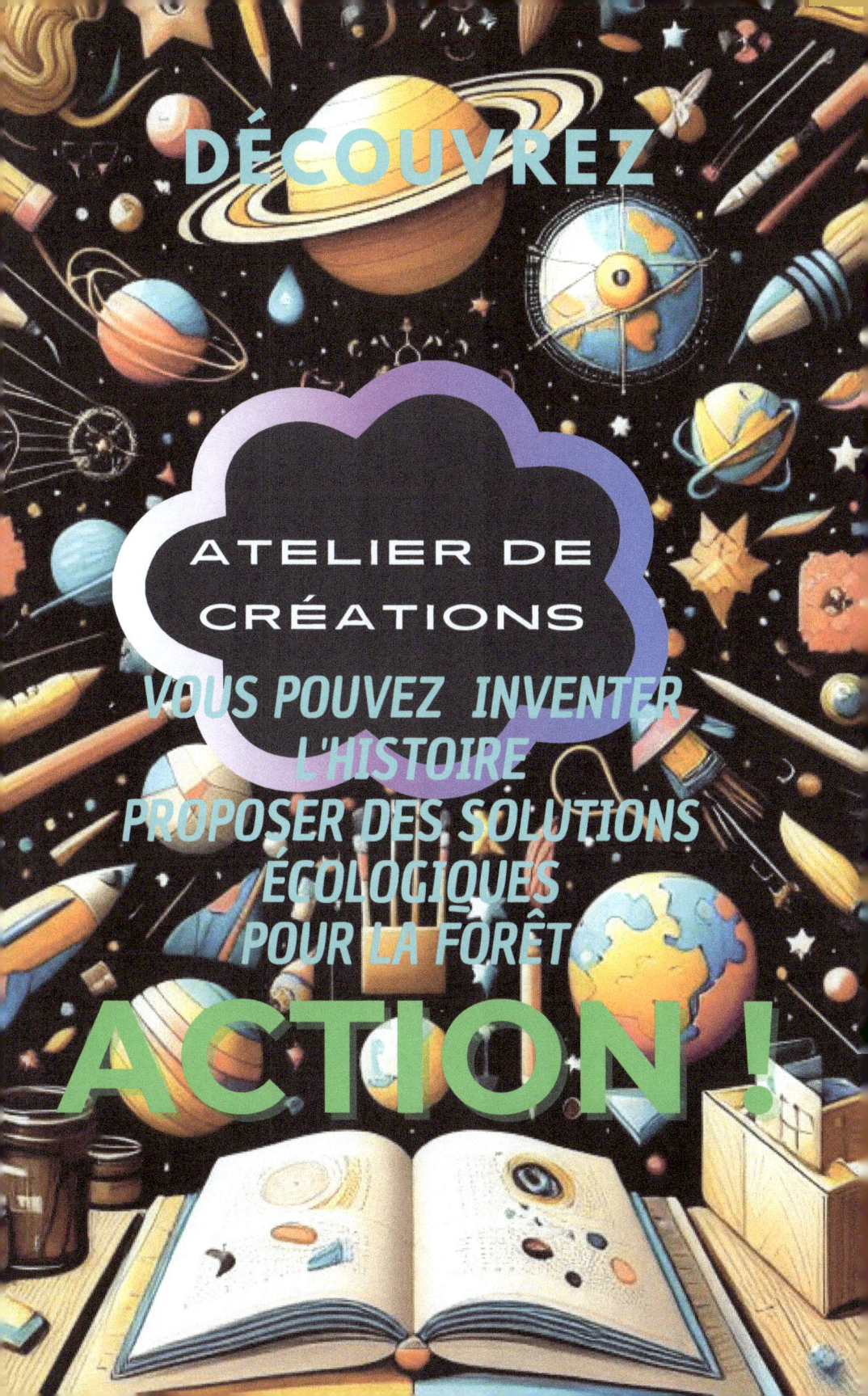

L'atelier de création

Cher lecteur,

Dans un esprit de créativité et d'imagination,
nous vous offrons la possibilité de créer votre propre histoire mettant en scène les adorables animaux de Pop'SH.
Sur cette page détachable, laissez libre cours à votre imagination en écrivant une histoire passionnante avec les personnages présents dans ce livret, et pourquoi pas, en ajoutant de nouveaux amis à l'aventure !

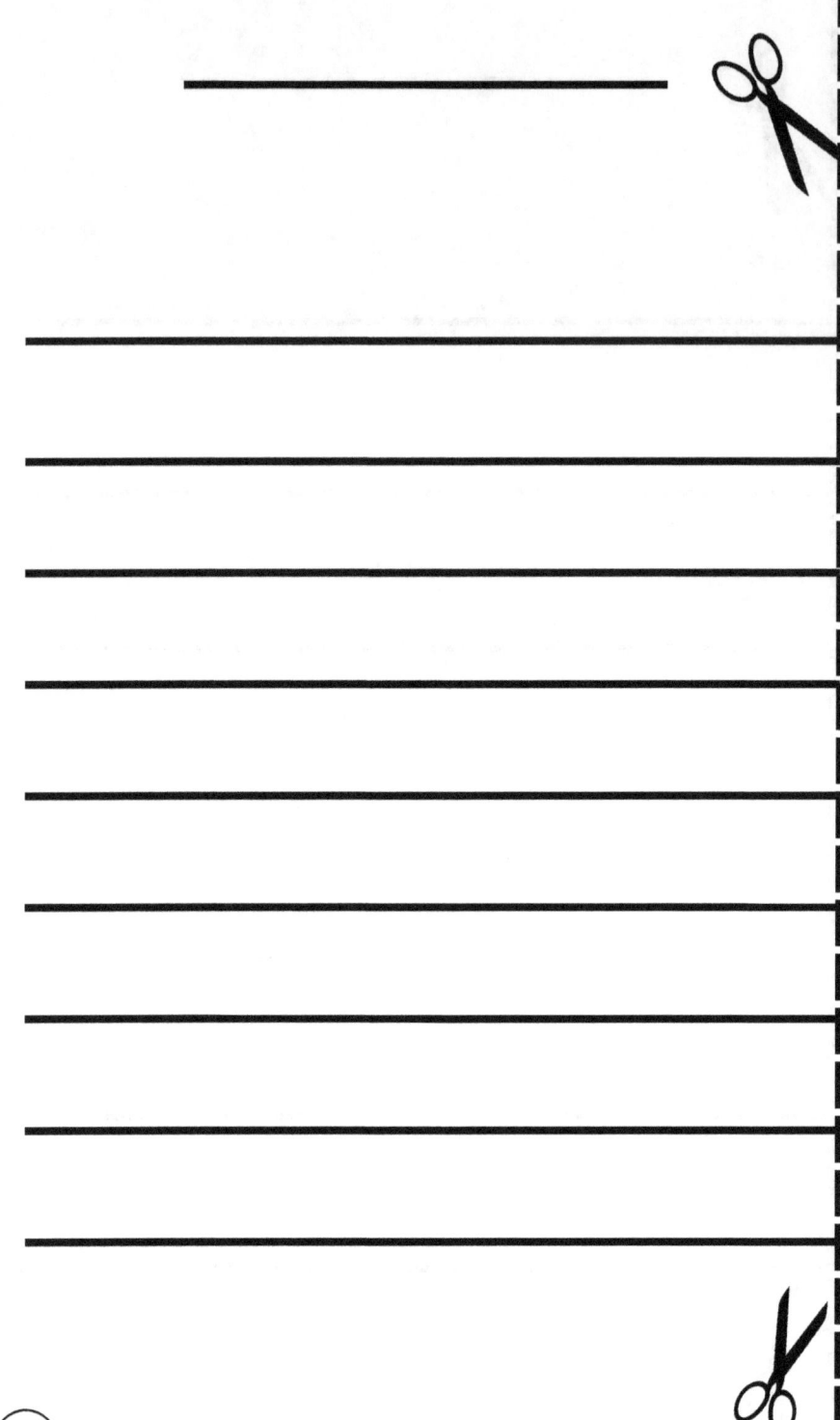

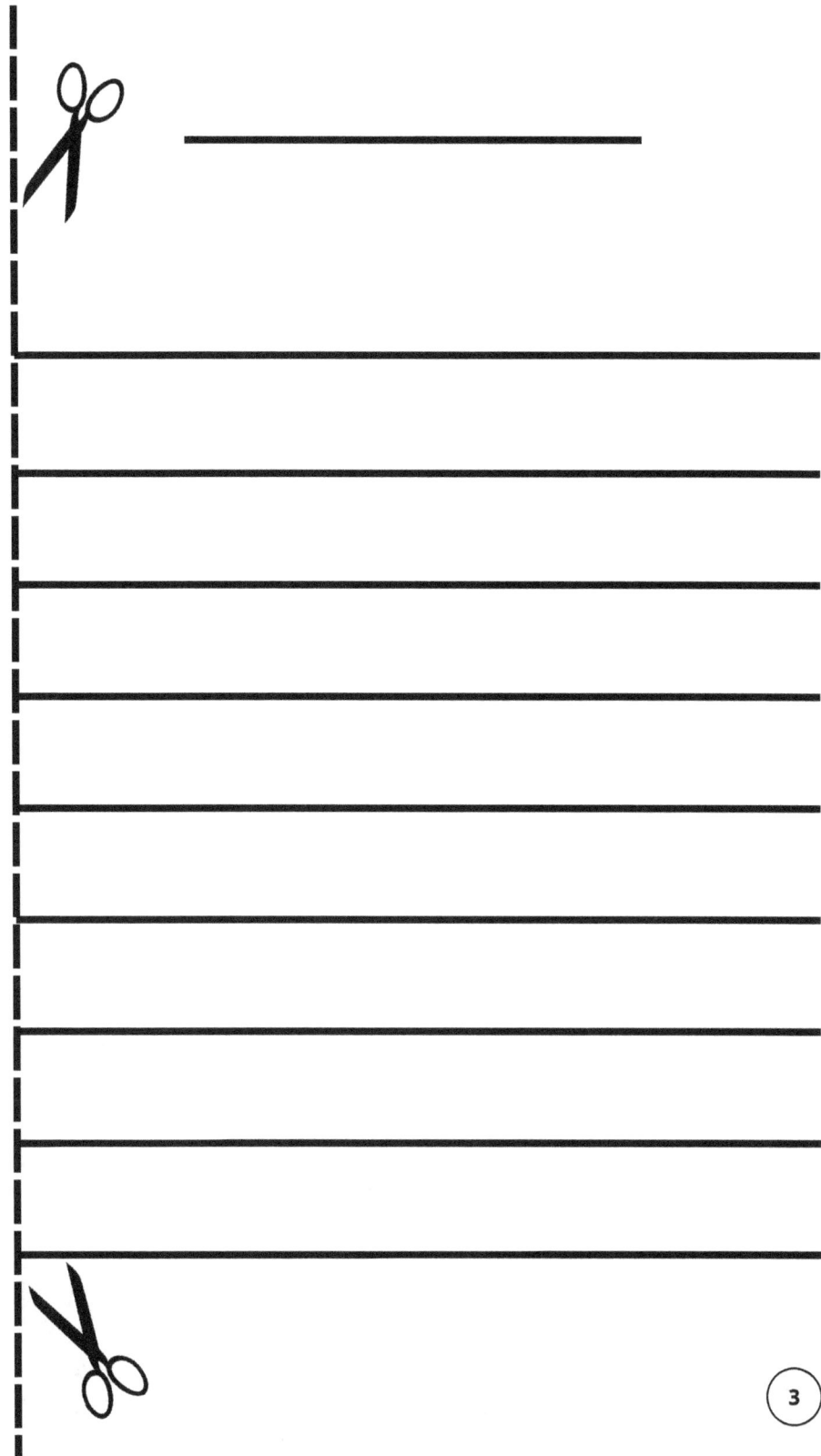

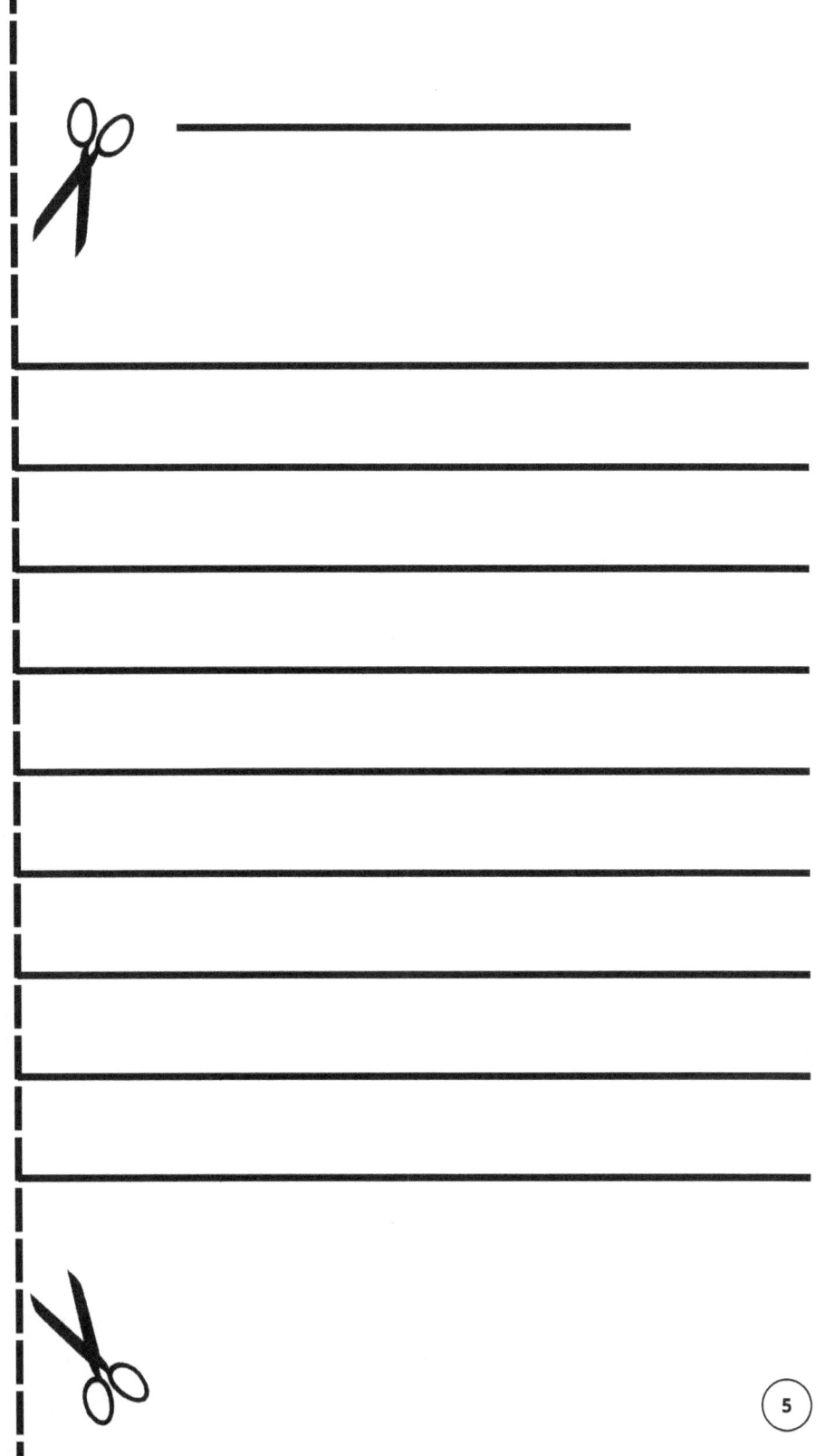

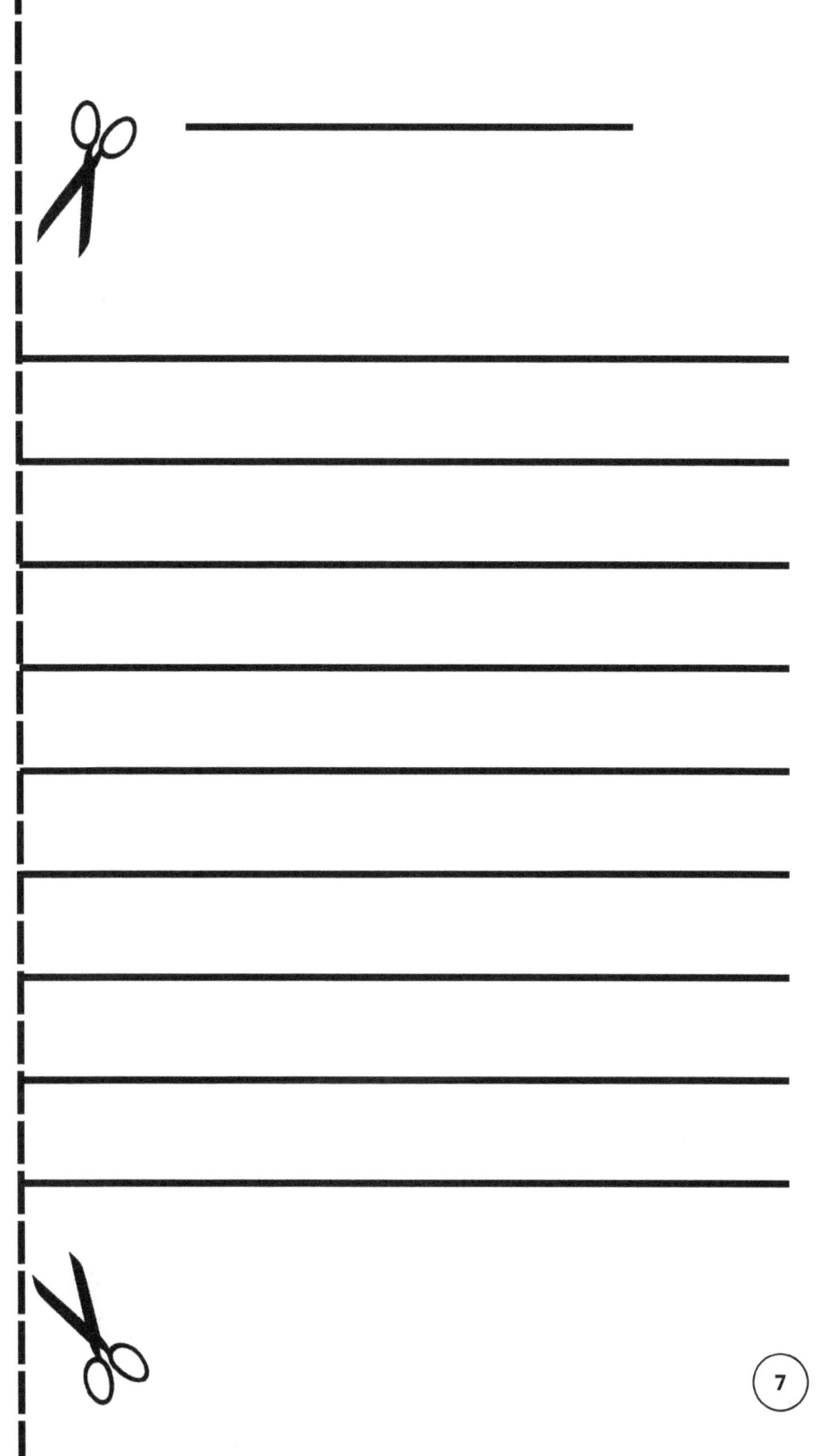

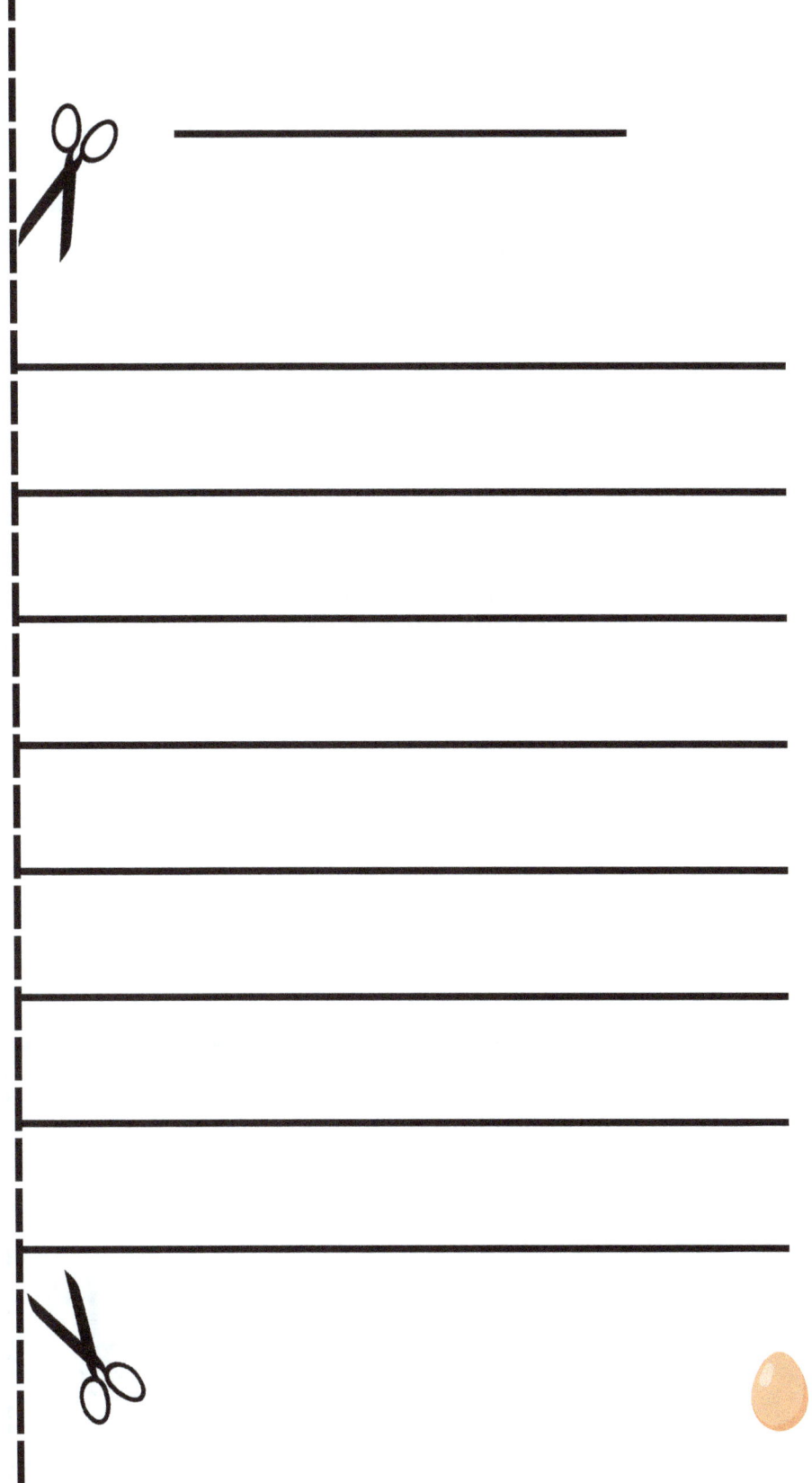

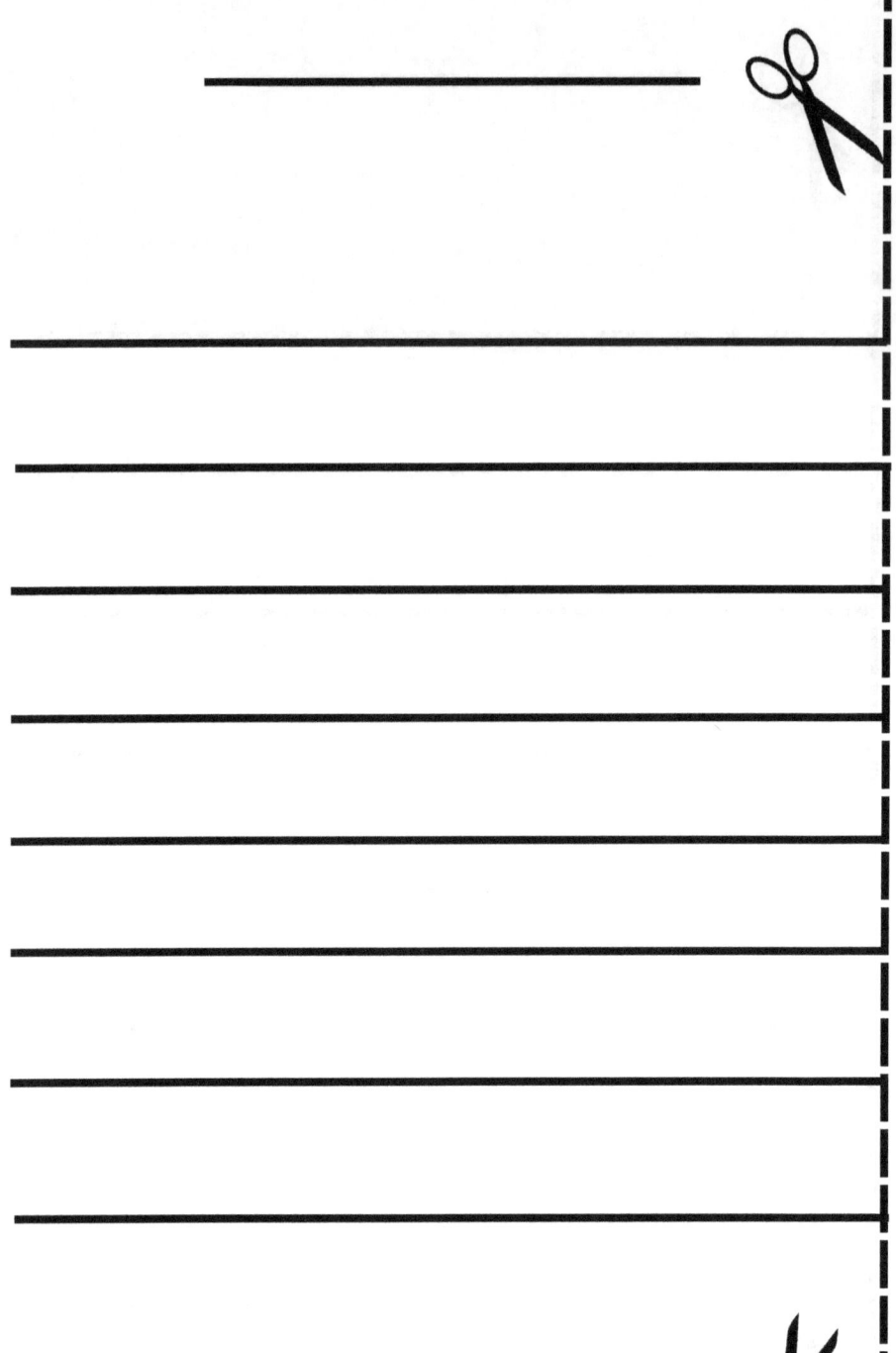

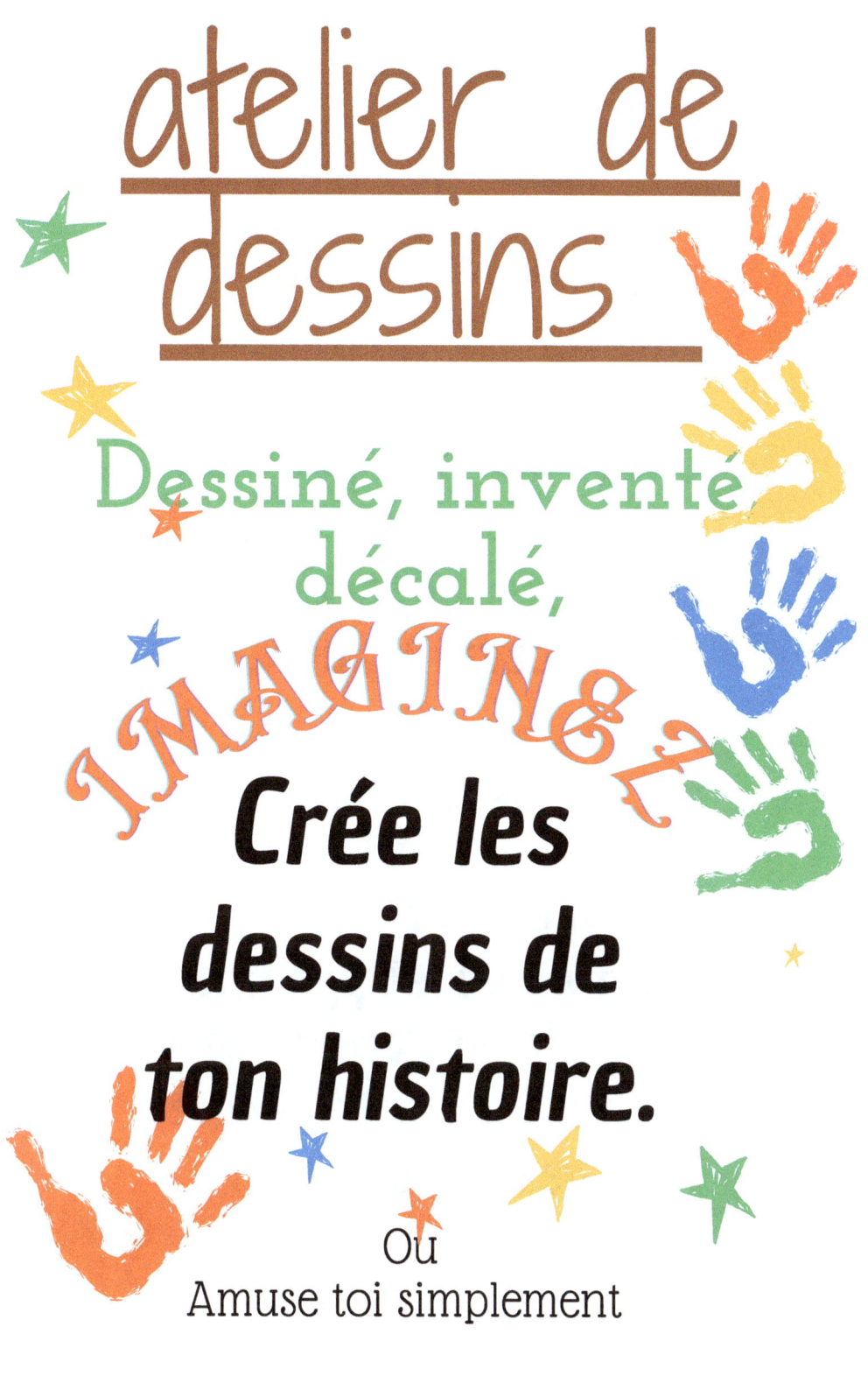

atelier de dessins

Dessiné, inventé, décalé, IMAGINEZ

je vous encourage à illustrer vos histoires, organiser un concours avec des prix pour les meilleures histoires envoyées toute réception recevra un prix.

Pour stimuler l'engagement et l'interaction, tout en développant les compétences créatives et l'intérêt pour l'écologie chez les lecteurs.

Amuse toi simplement.

Devenez l'Auteur de Votre Aventure Postale !

Chers Aventuriers de l'écriture,
Prenez votre plume, laissez libre cours à votre imagination et embarquez pour un voyage où chaque mot que vous écrivez est une empreinte sur le chemin de l'aventure.

Dans ce livre, vous trouverez non seulement des histoires à compléter, mais aussi une quête unique : celle de partager votre création avec le monde ! Comment ?
En utilisant l'art ancestral de l'envoi postal.

Voici votre quête :
Écrivez et illustrez : Remplissez les pages blanches avec vos histoires et dessins.
Préparez votre envoi : Placez votre œuvre dans une enveloppe, celle des scribes et des artistes.

Choisissez un timbre,
le sceau qui protégera et portera votre message à travers les terres et les mers.

Postez avec fierté : Glissez votre enveloppe dans la boîte aux lettres, et laissez la magie opérer.

En participant, vous ne créez pas seulement une histoire, vous créez un lien, un pont entre vous et d'autres créateurs.

Chaque lettre envoyée est une pièce du puzzle de notre grande aventure collective.

Alors, êtes-vous prêt à relever le défi et à laisser votre marque dans le grand livre de l'histoire postale ?

POPSH2025@GMAIL.COM

Une fois votre histoire terminée, vous pouvez la partager avec nous en l'envoyant à l'adresse suivante : [Rue Solitude 80 le Moule 97160 Guadeloupe,France]. Nous serions ravis de lire vos créations et de les publier dans nos prochains livrets !

Cette activité est une excellente occasion d'apprendre à composer une histoire, d'explorer le fonctionnement du système postal et de développer votre imagination. Alors, à vos plumes et laissez-vous emporter dans l'univers magique de Pop'SH !

AVEC TOUT NOTRE SOUTIEN,

Bayle , France

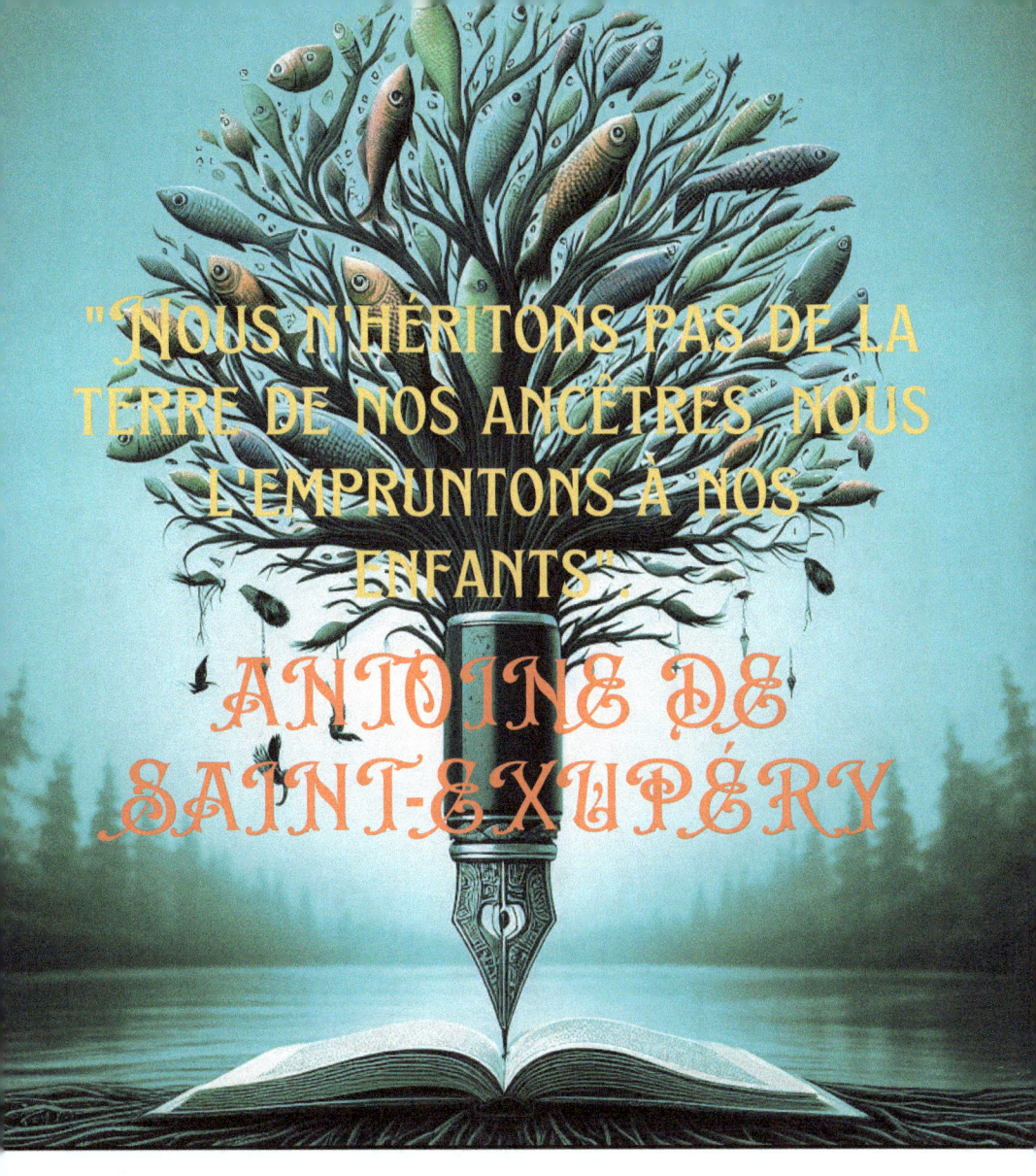

"Nous n'héritons pas de la terre de nos ancêtres, nous l'empruntons à nos enfants".

ANTOINE DE SAINT-EXUPÉRY

L'écologie, c'est avant tout la défense des éco-systèmes, composés par une multitude d'organismes. Pour adopter une démarche écologique, il est important de comprendre l'équilibre de la relation entre l'homme et la nature, de l'aimer et de le protéger.

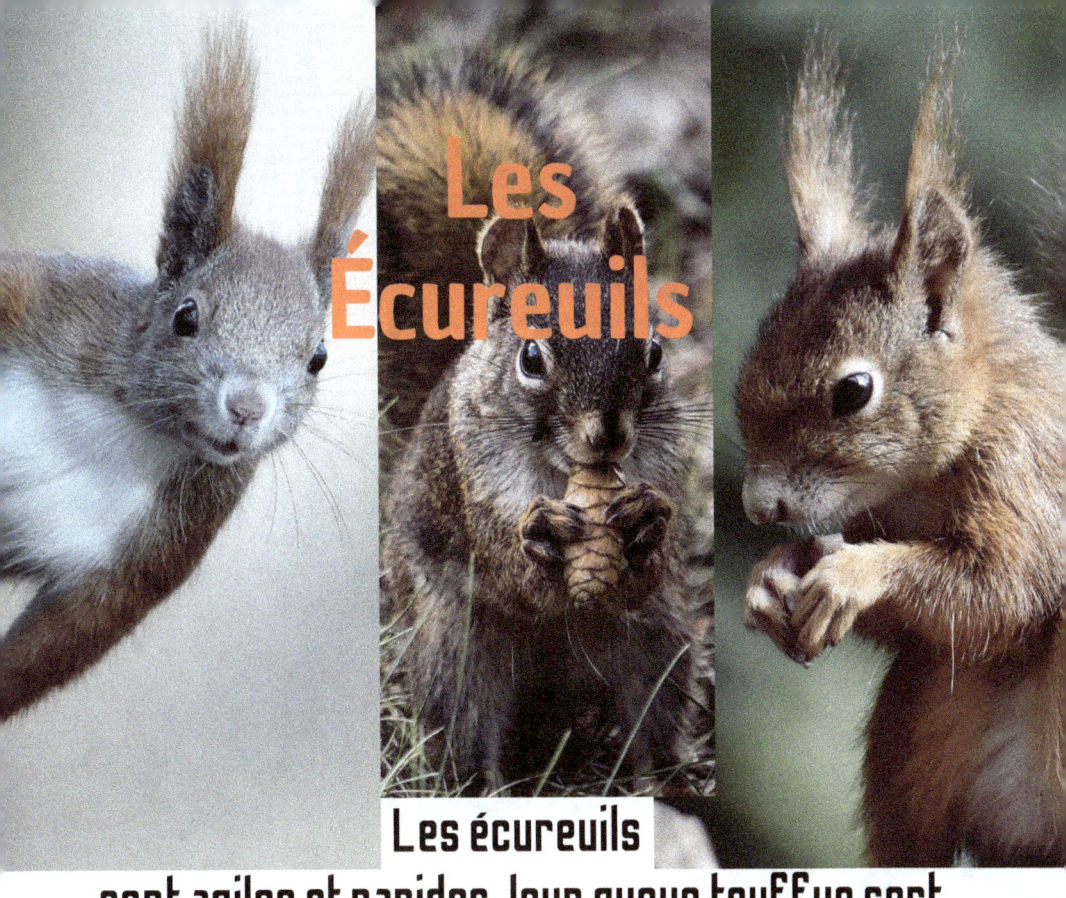

Les Écureuils

Les écureuils sont agiles et rapides, leur queue touffue sert de balancier. Leurs yeux vifs et leur nez pointu les aident à repérer les trésors cachés sous les feuilles. Leur incroyable capacité à grimper aux arbres et à sauter de branche en branche en fait des explorateurs de la canopée. Ils sont également connus pour leur habileté à stocker des réserves de nourriture pour l'hiver, enfouissant des noix et des graines dans des cachettes secrètes qu'ils retrouveront grâce à leur incroyable mémoire spatiale.

PLONGEONS DANS L'UNIVERS CAPTIVANT DES OISEAUX, CES CRÉATURES COLORÉES QUI ENCHANTENT NOS CIEUX ET NOS FORÊTS.

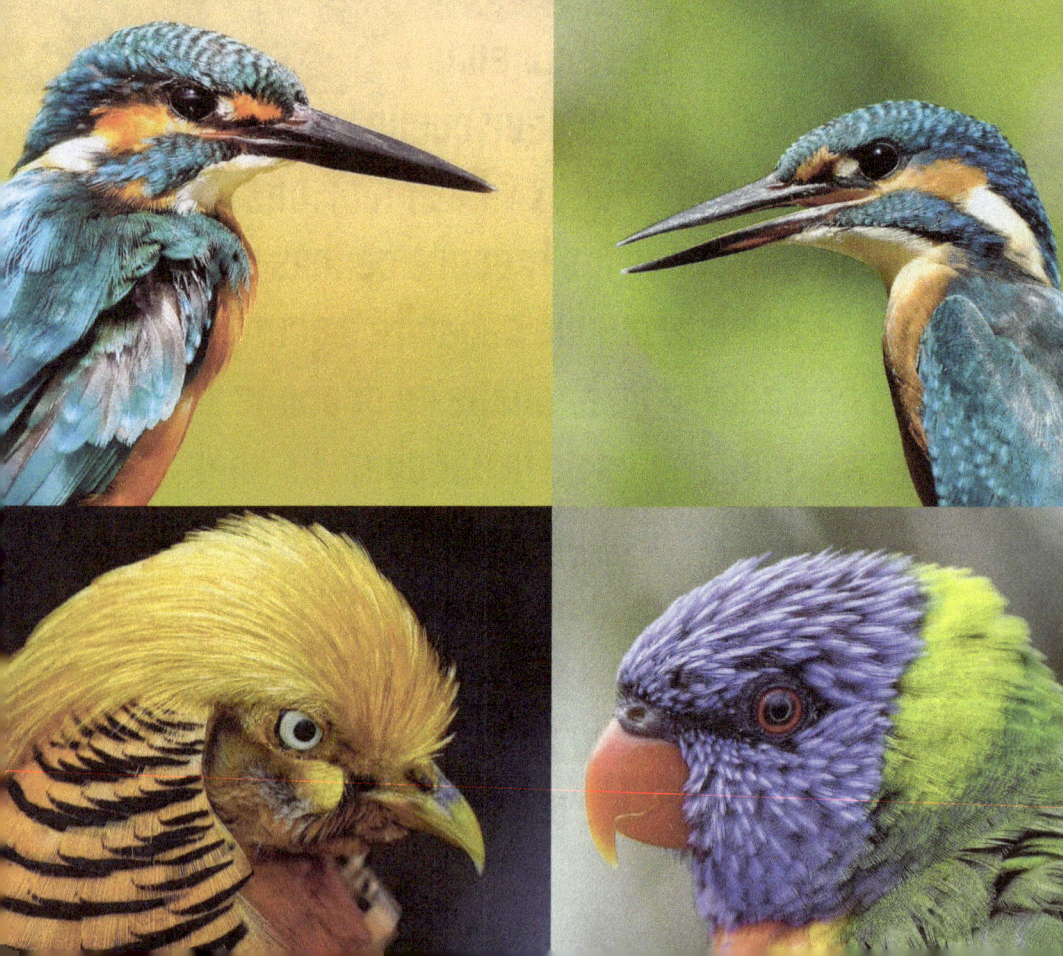

Les Oiseaux

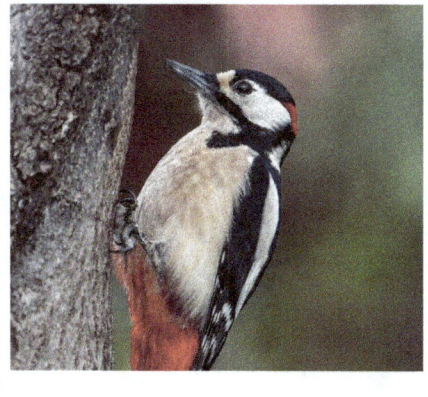

LES PLUMES DES OISEAUX SONT LEUR CARACTÉRISTIQUE LA PLUS DISTINCTIVE, OFFRANT PROTECTION, ISOLATION THERMIQUE ET PERMETTANT LE VOL. LEUR CAPACITÉ DE VOL EST ESSENTIELLE POUR LA RECHERCHE DE NOURRITURE, LA MIGRATION ET L'ÉVASION DES PRÉDATEURS. LEUR RÉGIME ALIMENTAIRE VARIE SELON LES ESPÈCES, ALLANT DES GRAINES AUX INSECTES, EN PASSANT PAR LES POISSONS ET LES PETITS MAMMIFÈRES.

LES CHANTS DES OISEAUX SONT SOUVENT UTILISÉS POUR COMMUNIQUER, MARQUER LEUR TERRITOIRE OU ATTIRER UN PARTENAIRE. CERTAINS OISEAUX, COMME LES ROSSIGNOLS, SONT RÉPUTÉS POUR LEURS MÉLODIES COMPLEXES ET ENVOÛTANTES.

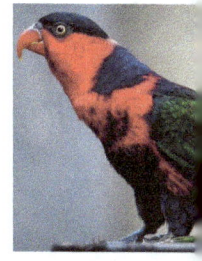

ENFIN, LES OISEAUX JOUENT UN RÔLE CRUCIAL DANS LES ÉCOSYSTÈMES EN TANT QUE POLLINISATEURS, CONTRÔLEURS DE POPULATIONS D'INSECTES ET DISPERSATEURS DE GRAINES. LEUR PRÉSENCE ET LEURS INTERACTIONS AVEC D'AUTRES ORGANISMES CONTRIBUENT À MAINTENIR L'ÉQUILIBRE NATUREL DANS DE NOMBREUX HABITATS À TRAVERS LE MONDE.

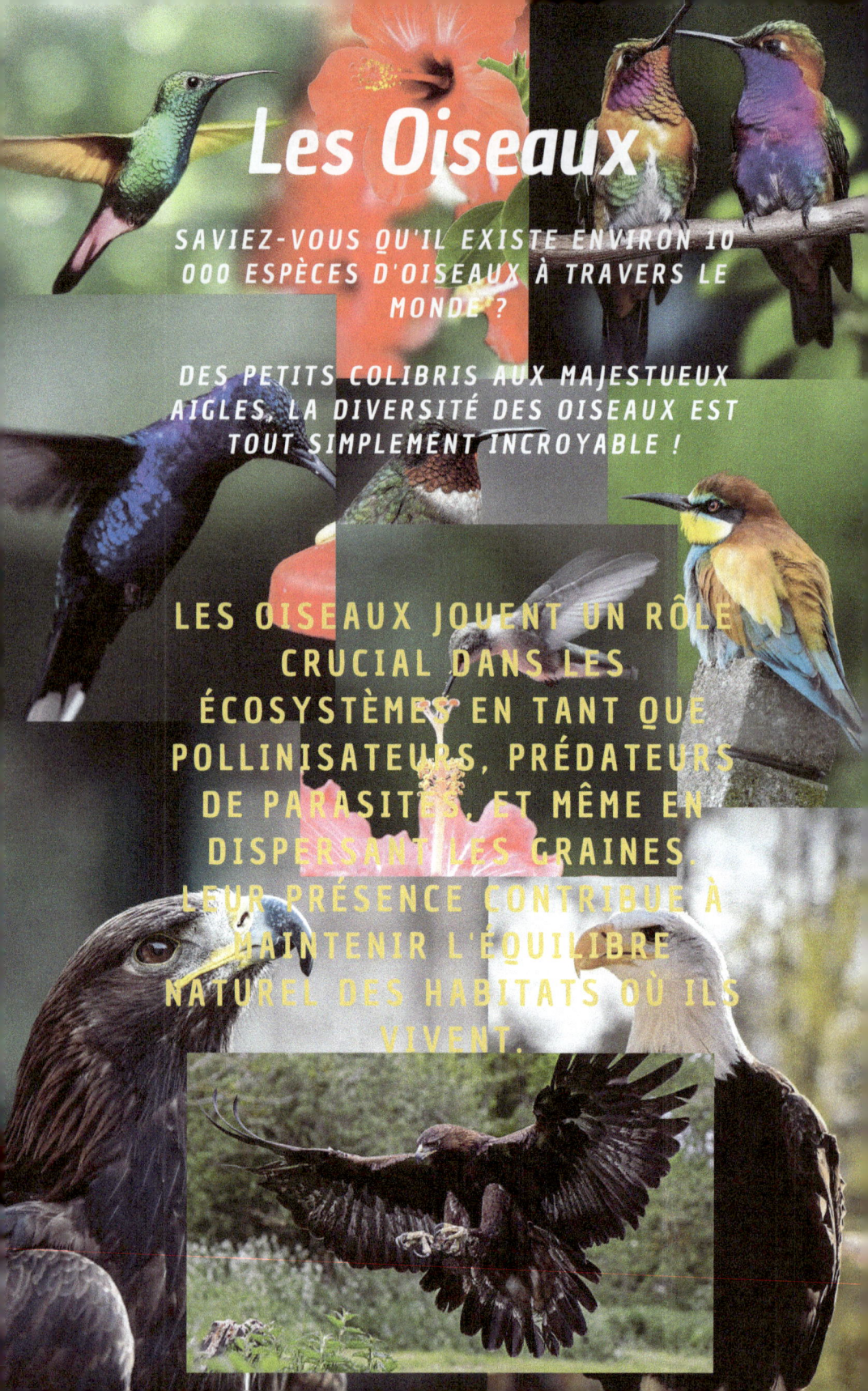

Les Oiseaux

SAVIEZ-VOUS QU'IL EXISTE ENVIRON 10 000 ESPÈCES D'OISEAUX À TRAVERS LE MONDE ?

DES PETITS COLIBRIS AUX MAJESTUEUX AIGLES, LA DIVERSITÉ DES OISEAUX EST TOUT SIMPLEMENT INCROYABLE !

LES OISEAUX JOUENT UN RÔLE CRUCIAL DANS LES ÉCOSYSTÈMES EN TANT QUE POLLINISATEURS, PRÉDATEURS DE PARASITES, ET MÊME EN DISPERSANT LES GRAINES. LEUR PRÉSENCE CONTRIBUE À MAINTENIR L'ÉQUILIBRE NATUREL DES HABITATS OÙ ILS VIVENT.

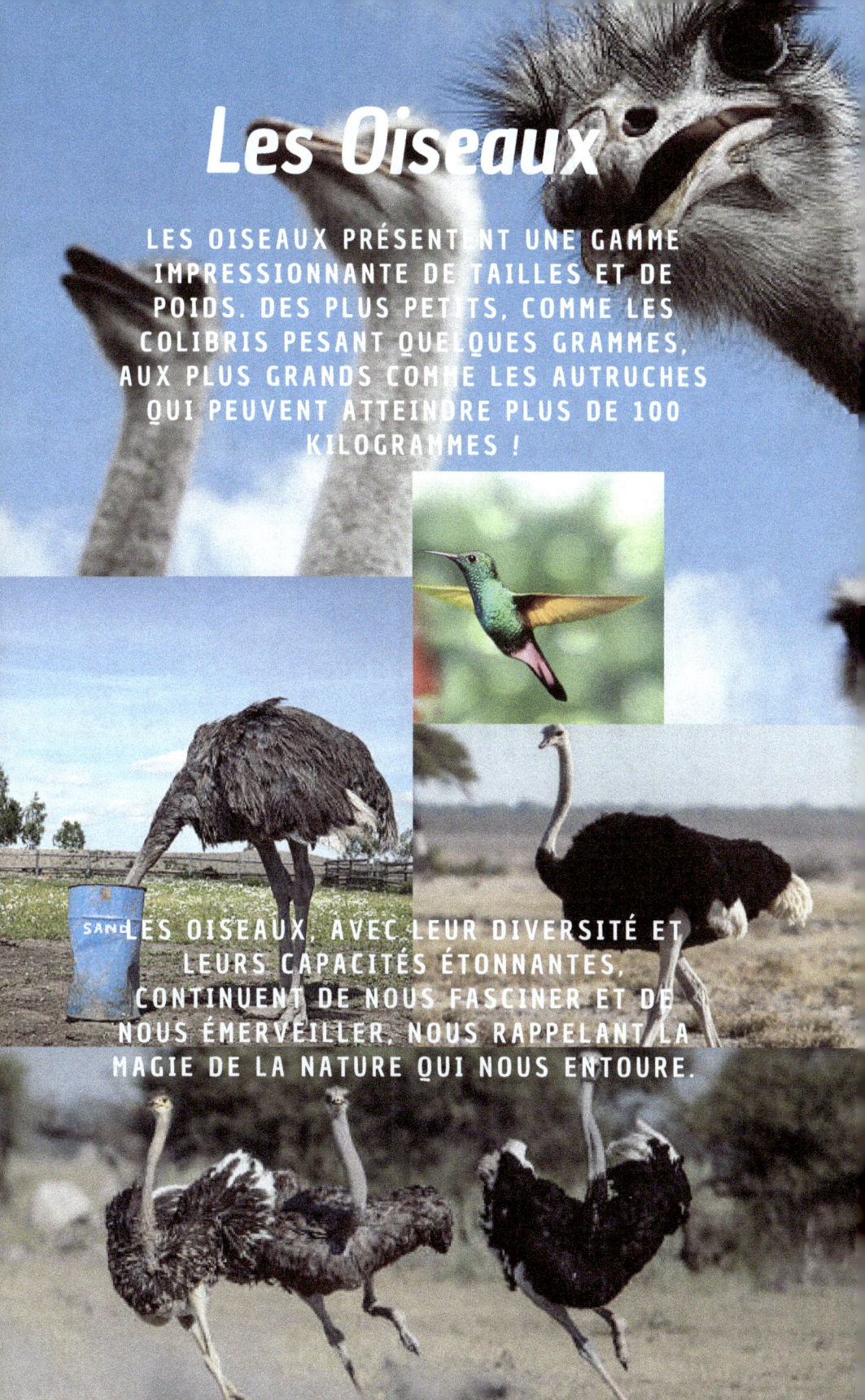

Les Oiseaux

LES OISEAUX PRÉSENTENT UNE GAMME IMPRESSIONNANTE DE TAILLES ET DE POIDS. DES PLUS PETITS, COMME LES COLIBRIS PESANT QUELQUES GRAMMES, AUX PLUS GRANDS COMME LES AUTRUCHES QUI PEUVENT ATTEINDRE PLUS DE 100 KILOGRAMMES !

LES OISEAUX, AVEC LEUR DIVERSITÉ ET LEURS CAPACITÉS ÉTONNANTES, CONTINUENT DE NOUS FASCINER ET DE NOUS ÉMERVEILLER, NOUS RAPPELANT LA MAGIE DE LA NATURE QUI NOUS ENTOURE.

les Castors

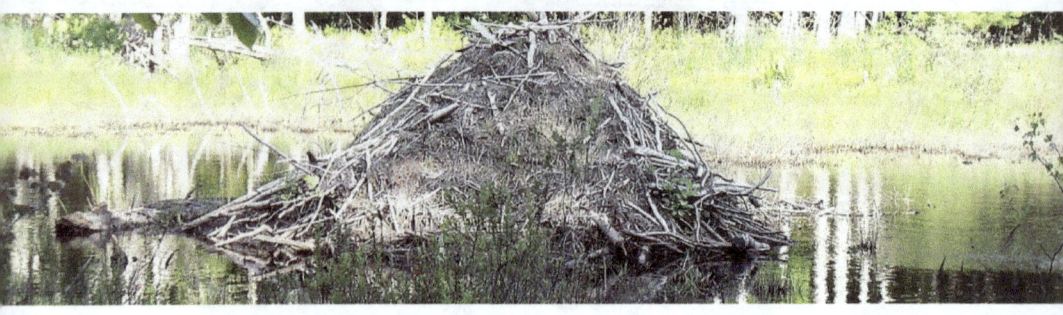

ARCHITECTES DES RIVIÈRES

INGÉNIEURS DE LA NATURE QUI TRANSFORMENT LES COURS D'EAU ET MODÈLENT LES ÉCOSYSTÈMES.

LES CASTORS SONT DE ROBUSTES MAMMIFÈRES SEMI-AQUATIQUES, RECONNAISSABLES À LEURS LARGES QUEUES PLATES ET À LEURS INCISIVES IMPRESSIONNANTES.

ILS VIVENT DANS DES HABITATS AQUATIQUES, CONSTRUISANT DES BARRAGES ET DES LODGES POUR CRÉER DES ZONES HUMIDES QUI ABRITENT UNE MULTITUDE DE VIE SAUVAGE.

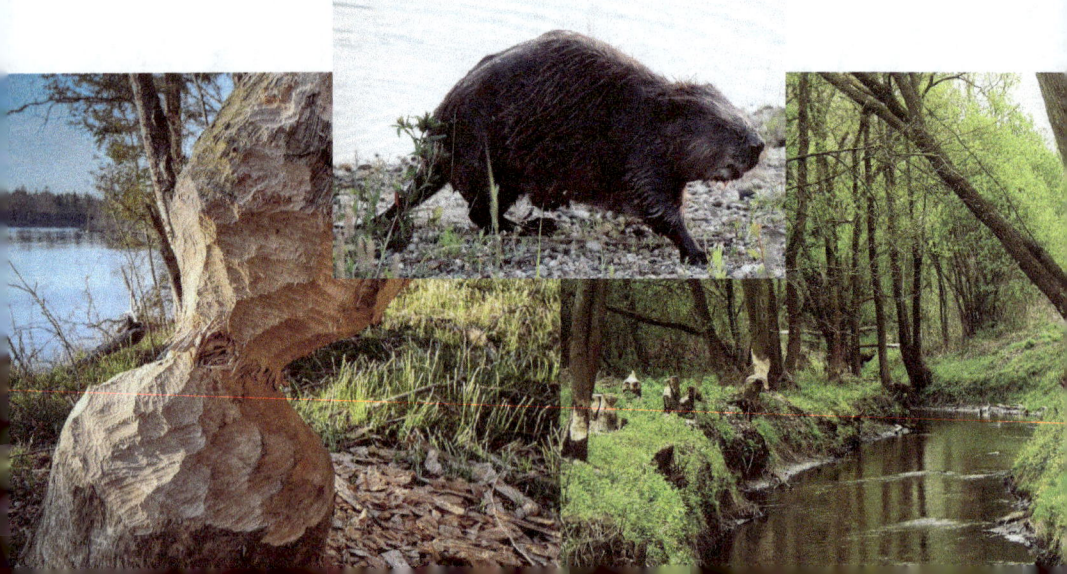

les Castors

LES CASTORS SONT DES CRÉATURES SOCIALES QUI VIVENT EN COLONIES FAMILIALES. LEUR MODE DE VIE EST CENTRÉ SUR LA CONSTRUCTION ET L'ENTRETIEN DE LEURS HABITATS. ILS UTILISENT LEUR INCROYABLE CAPACITÉ À COUPER ET À EMPILER DU BOIS POUR ÉRIGER DES BARRAGES QUI RÉGULENT LE DÉBIT DES RIVIÈRES ET CRÉENT DES ÉTANGS OÙ ILS CONSTRUISENT LEURS LODGES.

LES BARRAGES CONSTRUITS PAR LES CASTORS ONT UN IMPACT SIGNIFICATIF SUR LES ÉCOSYSTÈMES ENVIRONNANTS.

ILS CRÉENT DES HABITATS POUR UNE VARIÉTÉ D'ESPÈCES AQUATIQUES, COMME LES POISSONS ET LES AMPHIBIENS, ET FAVORISENT LA BIODIVERSITÉ EN GÉNÉRAL EN TRANSFORMANT LES PAYSAGES FLUVIAUX.

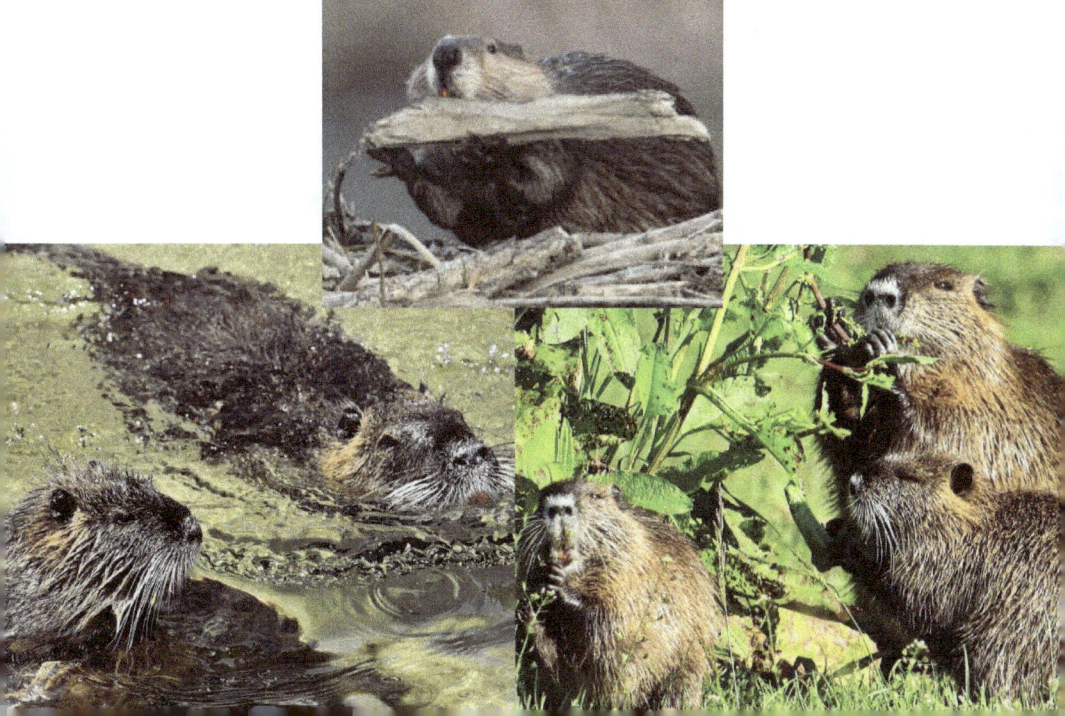

les Castors

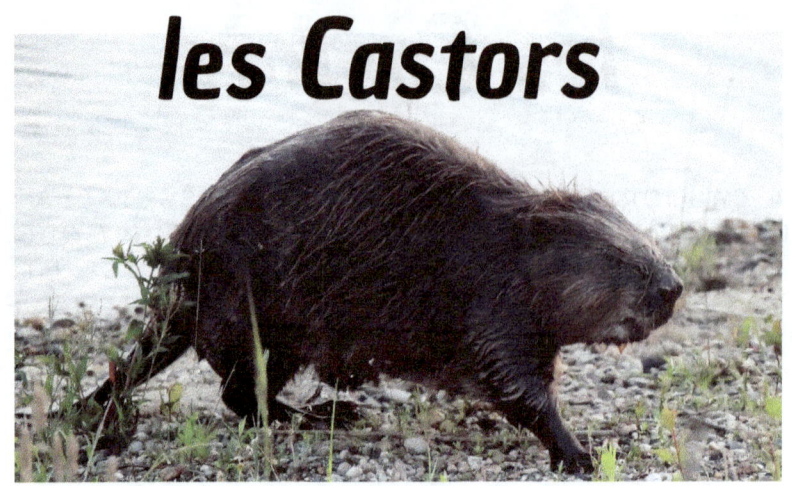

LES CASTORS SONT DOTÉS DE NOMBREUSES ADAPTATIONS UNIQUES QUI LEUR PERMETTENT DE PROSPÉRER DANS LEUR ENVIRONNEMENT. LEURS INCISIVES TRANCHANTES SONT IDÉALES POUR COUPER LE BOIS, TANDIS QUE LEUR QUEUE PLATE LEUR SERT DE GOUVERNAIL LORSQU'ILS NAGENT.

LES CASTORS INCARNENT LE GÉNIE DE LA NATURE, FAÇONNANT LES COURS D'EAU ET CRÉANT DES HABITATS QUI SOUTIENNENT UNE VIE ABONDANTE. LEUR IMPORTANCE DANS LES ÉCOSYSTÈMES AQUATIQUES EN FAIT DES ACTEURS INDISPENSABLES DANS LA PRÉSERVATION DE LA BIODIVERSITÉ.

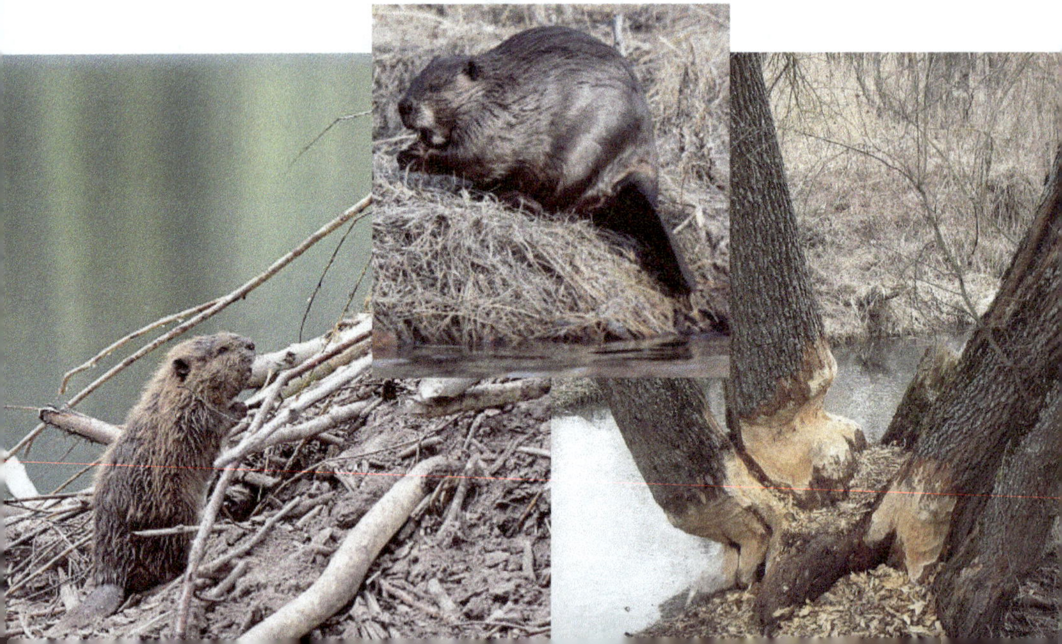

Les Hiboux

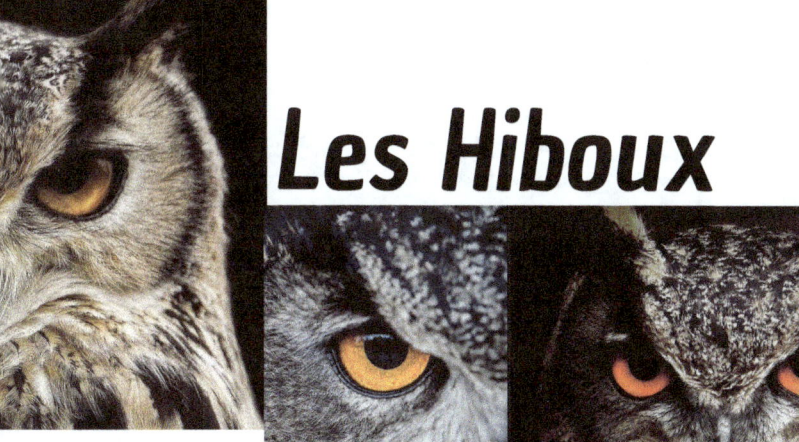

CES RAPACES NOCTURNES DOTÉS D'UNE VISION PERÇANTE ET D'UNE SAGESSE ANCESTRALE.

APPARENCE ET HABITUDES NOCTURNES : RECONNAISSABLES À LEURS GRANDS YEUX RONDS QUI LEUR PERMETTENT DE VOIR DANS L'OBSCURITÉ AVEC UNE CLARTÉ ÉTONNANTE.

LEURS PUPILLES DILATÉES CAPTENT LA MOINDRE LUEUR DE LUMIÈRE, LEUR DONNANT UN AVANTAGE INÉGALÉ LORS DE LA CHASSE NOCTURNE.

GRÂCE A LEUR VOL SILENCIEUX, LES HIBOUX SONT DES PRÉDATEURS REDOUTABLES DE LA NUIT, CHASSANT LEURS PROIES AVEC UNE PRÉCISION INÉGALÉE.

ADAPTÉS À UNE VARIÉTÉ D'HABITATS. DES FORÊTS AUX DÉSERTS, LES HIBOUX JOUENT UN RÔLE ESSENTIEL DANS LE CONTRÔLE DES POPULATIONS D'INSECTES ET DE PETITS MAMMIFÈRES.

CONTRIBUANT AINSI À MAINTENIR L'ÉQUILIBRE DES ÉCOSYSTÈMES.

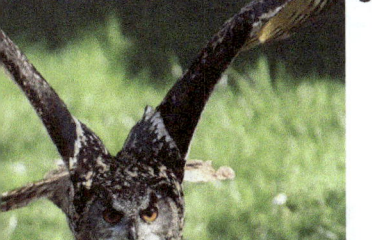

Les Hiboux

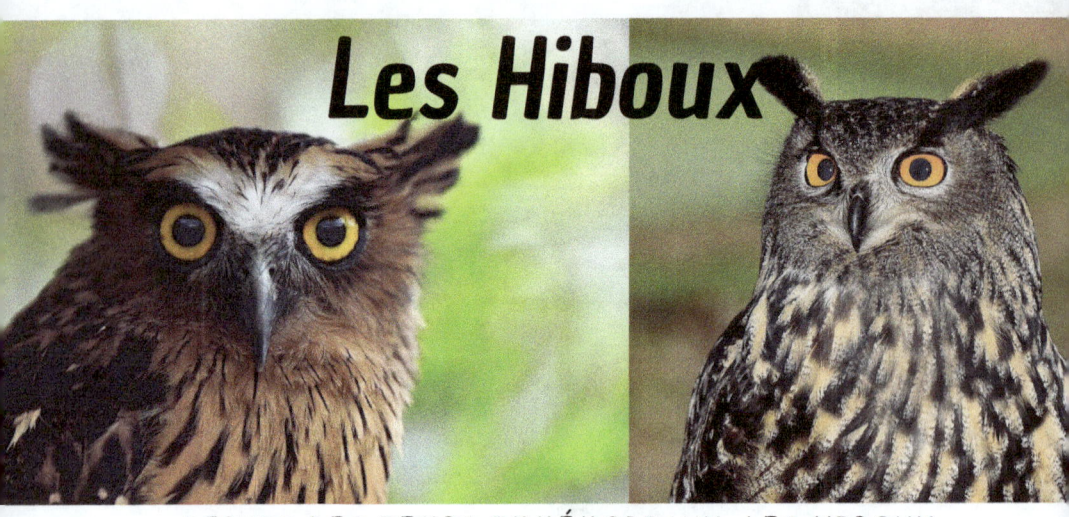

DEPUIS DES TEMPS IMMÉMORIAUX, LES HIBOUX SONT VÉNÉRÉS COMME DES SYMBOLES DE SAGESSE ET DE CONNAISSANCE, APPARAISSANT SOUVENT DANS LES MYTHES ET LES LÉGENDES COMME DES GARDIENS DES SECRETS DE LA NUIT.

LES HIBOUX, AVEC LEUR MYSTÈRE ET LEUR BEAUTÉ, CONTINUENT DE CAPTIVER L'IMAGINATION DES OBSERVATEURS NOCTURNES, LEUR CONFÉRANT UN STATUT LÉGENDAIRE DANS LE MONDE ANIMAL.

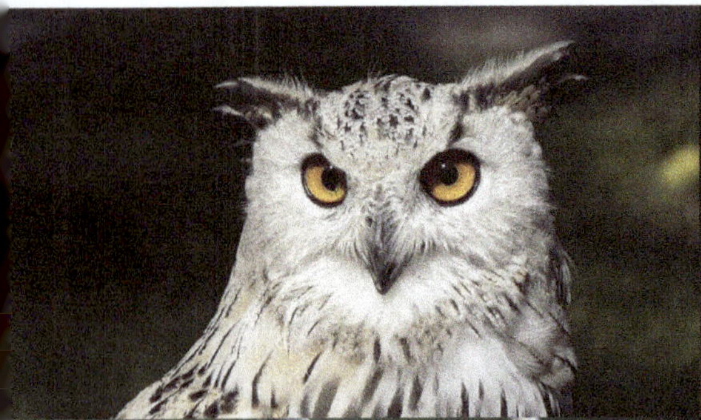

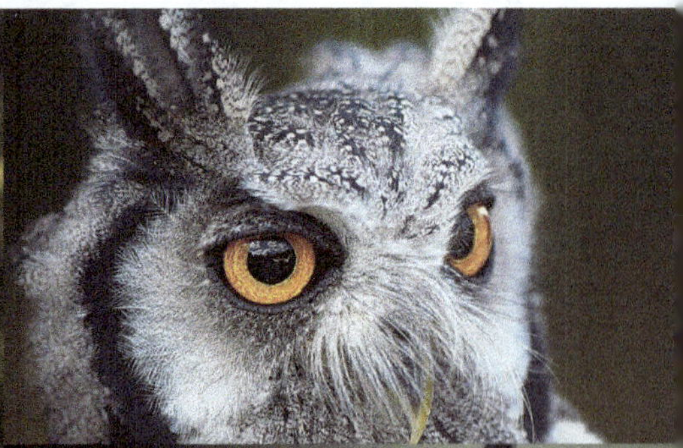

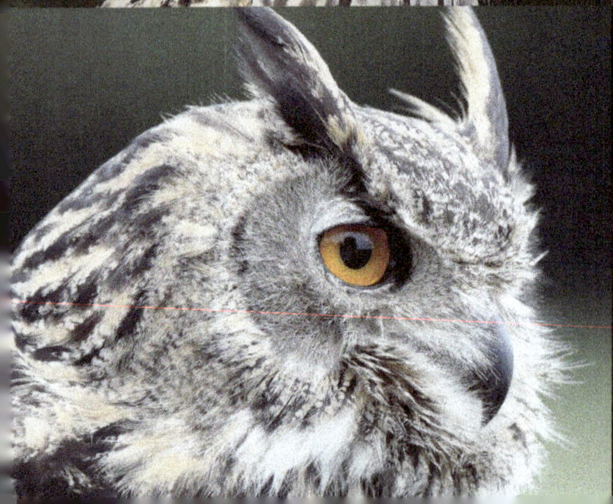

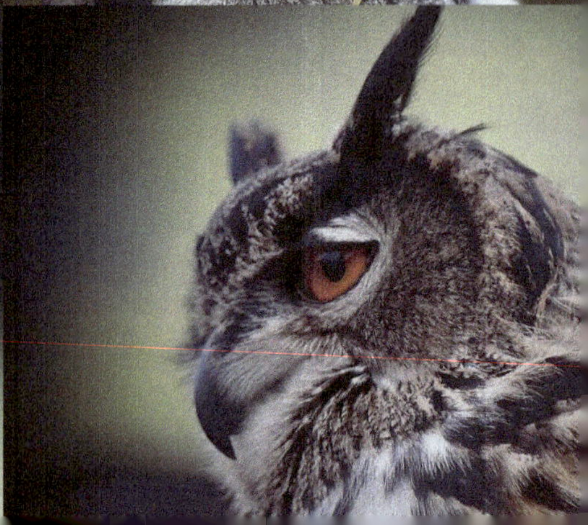

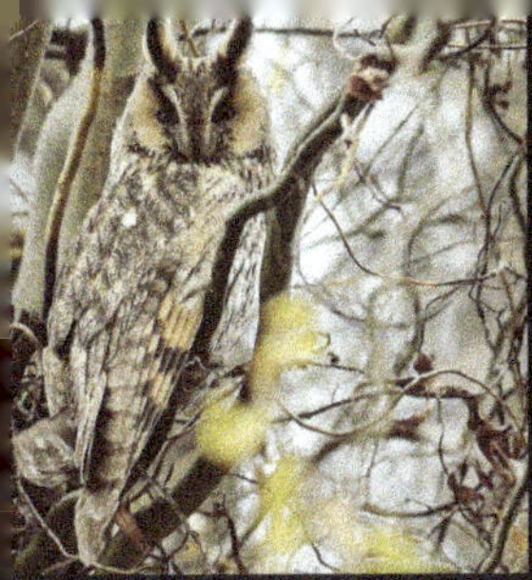

Les Hiboux

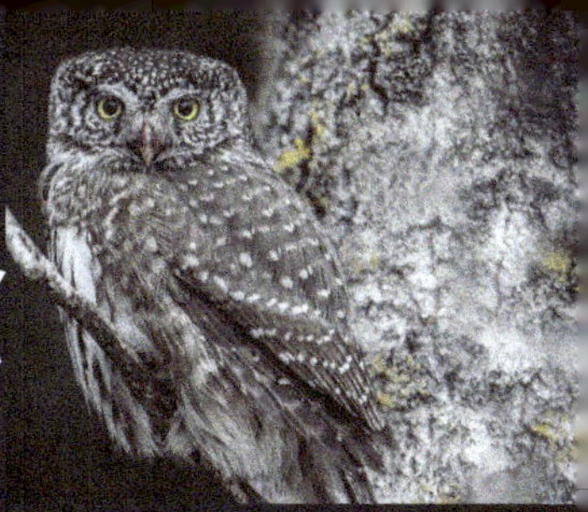

Les hiboux possèdent une ouïe remarquablement développée, capable de détecter le moindre bruissement dans l'obscurité de la nuit.

Leurs disques faciaux en forme de parabole aident à concentrer les sons vers leurs oreilles, leur permettant de localiser précisément leurs proies.

Le plumage des hiboux est souvent moucheté ou rayé, ce qui leur permet de se fondre parfaitement dans leur environnement boisé.

Cette adaptation les aide à se dissimuler des prédateurs potentiels et à se camoufler lorsqu'ils guettent leurs proies.

Les hiboux ont la capacité unique de tourner leur tête jusqu'à 270 degrés, leur permettant de scruter leur environnement sans avoir à bouger leur corps.

Cette flexibilité leur donne une vision panoramique exceptionnelle pour repérer les mouvements des proies.

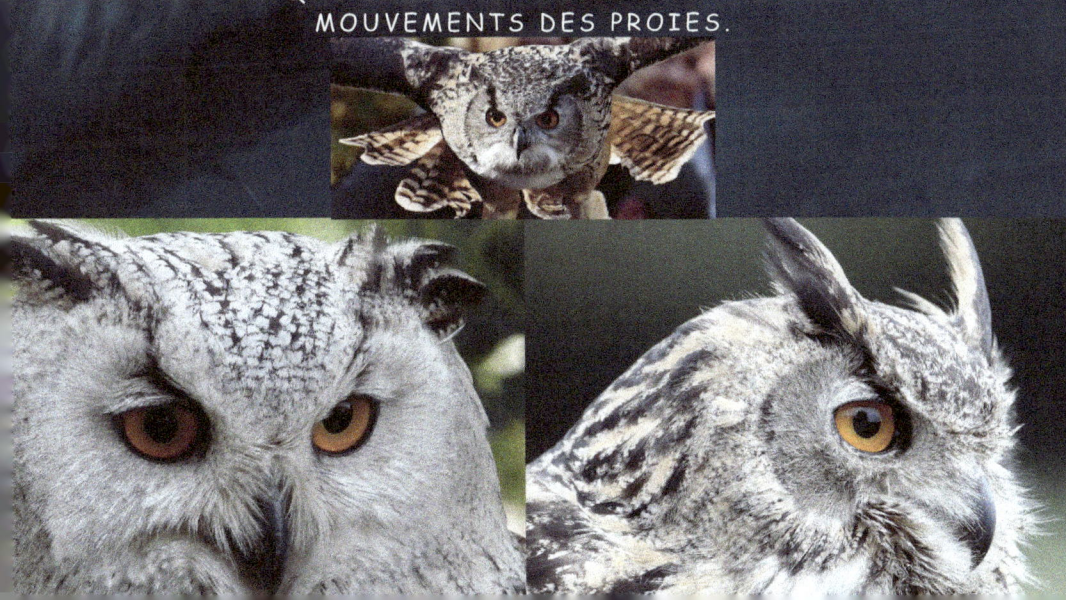

Les Libellules

Plongeons dans le monde gracieux et aérien des libellules, ces créatures délicates qui peuplent nos rivières et nos étangs, apportant une touche de magie à nos paysages aquatiques.

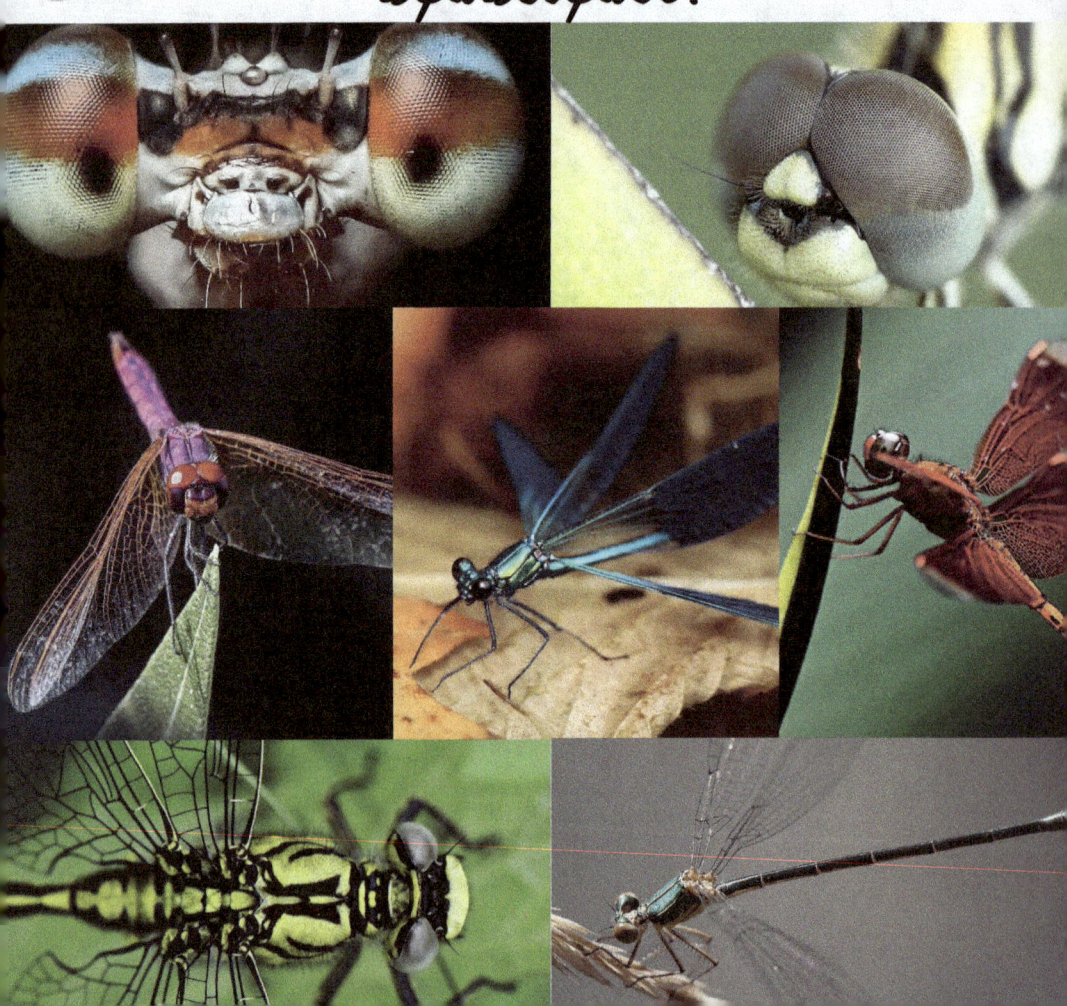

Les Libellules

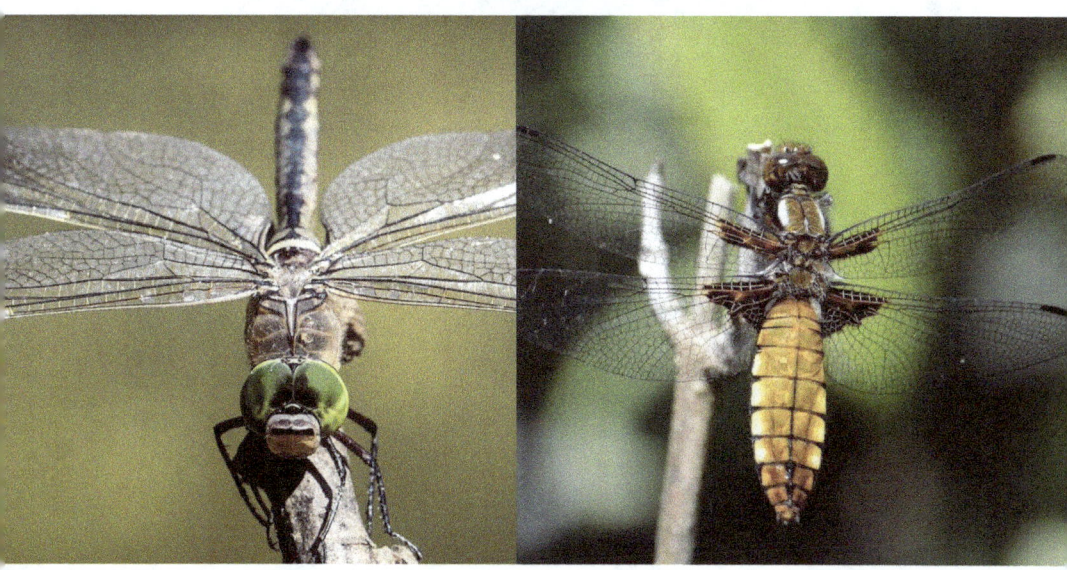

Les libellules se distinguent par leurs ailes translucides et leurs corps élancés, souvent ornés de couleurs vives et irisées. Leur vol gracieux et agile les rend presque semblables à des fées dansants au-dessus de l'eau.

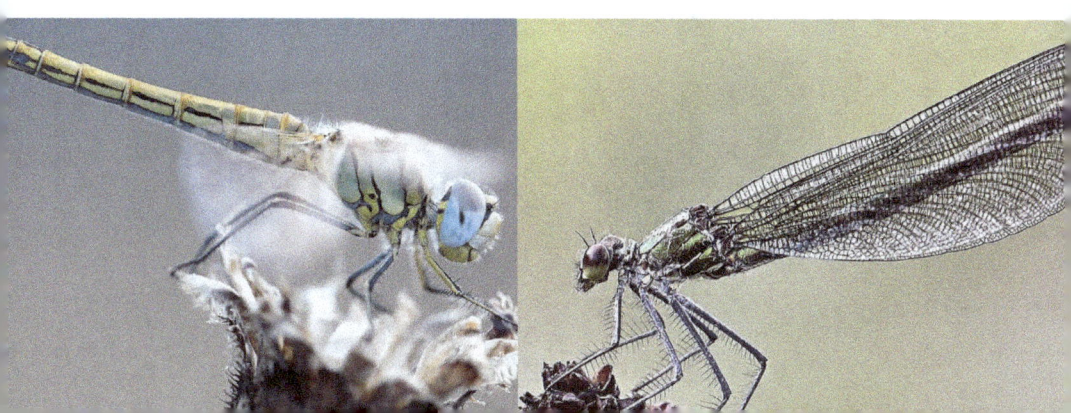

Les Libellules

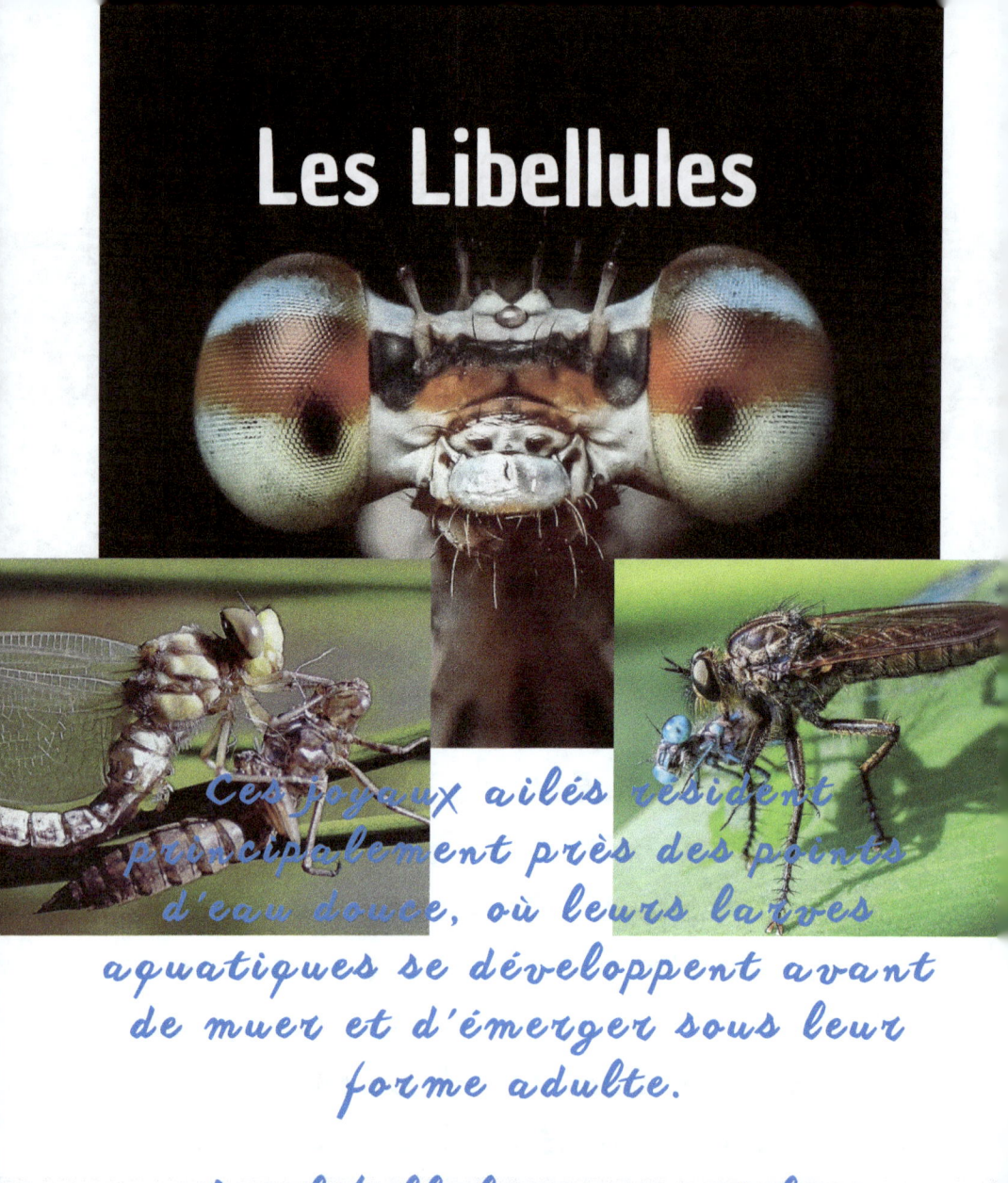

Ces joyaux ailés résident principalement près des points d'eau douce, où leurs larves aquatiques se développent avant de muer et d'émerger sous leur forme adulte.

Les libellules passent la majeure partie de leur vie sous forme larvaire, se nourrissant de petits insectes aquatiques avant de subir une métamorphose éblouissante.

Les cerfs

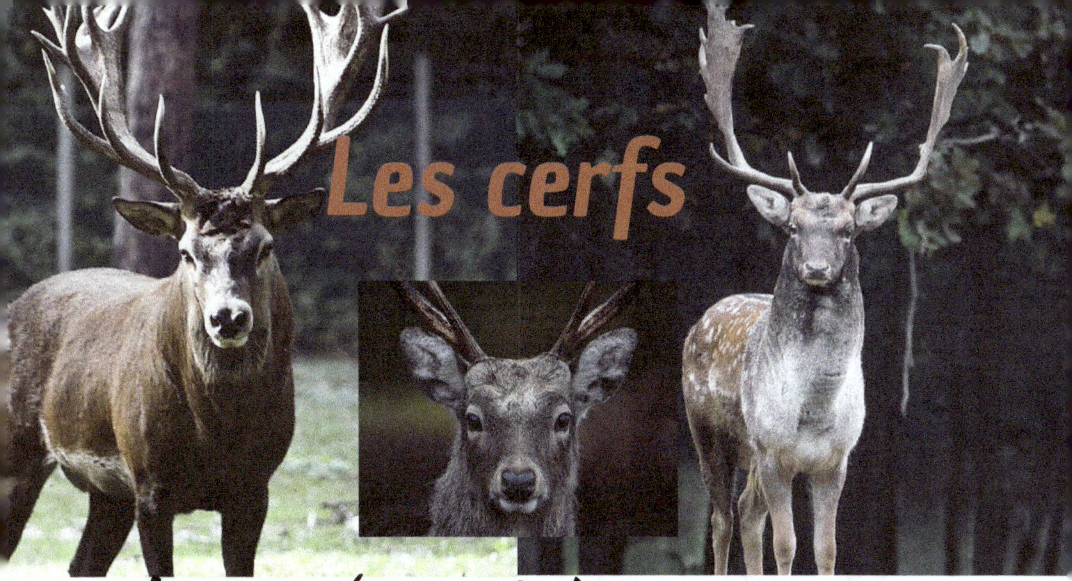

Les cerfs sont des animaux magnifiques, reconnaissables à leurs bois imposants et à leur pelage brun roux.
Ils habitent principalement les régions boisées, où ils se déplacent avec une élégance impressionnante.

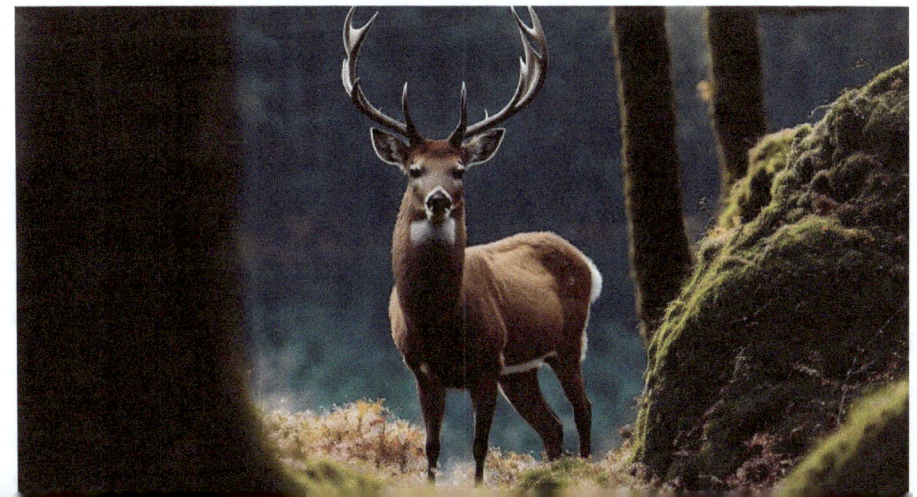

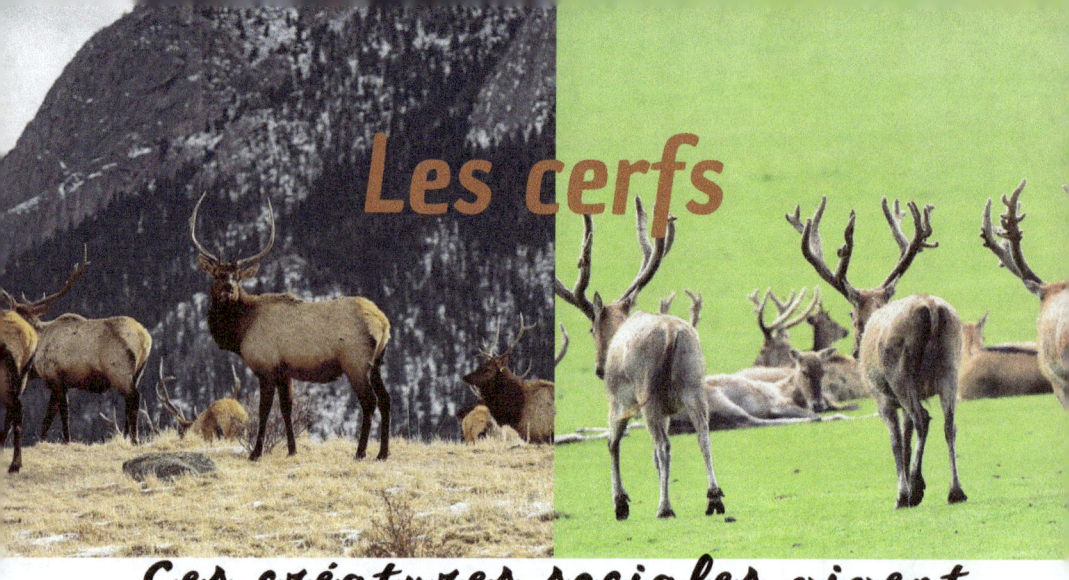

Les cerfs

Ces créatures sociales vivent en hardes dirigées par un mâle dominant, souvent appelé le "cerf alpha".
Chaque année, pendant la saison des amours, les cerfs mâles rivalisent pour l'attention des femelles lors de rituels de parade spectaculaires.

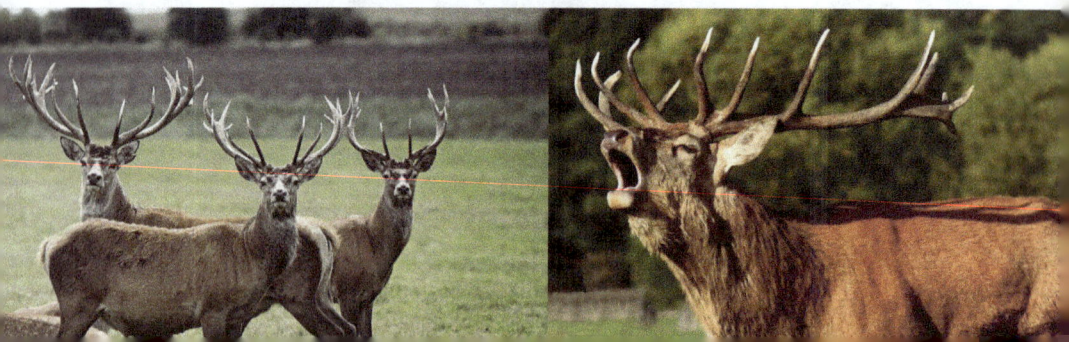

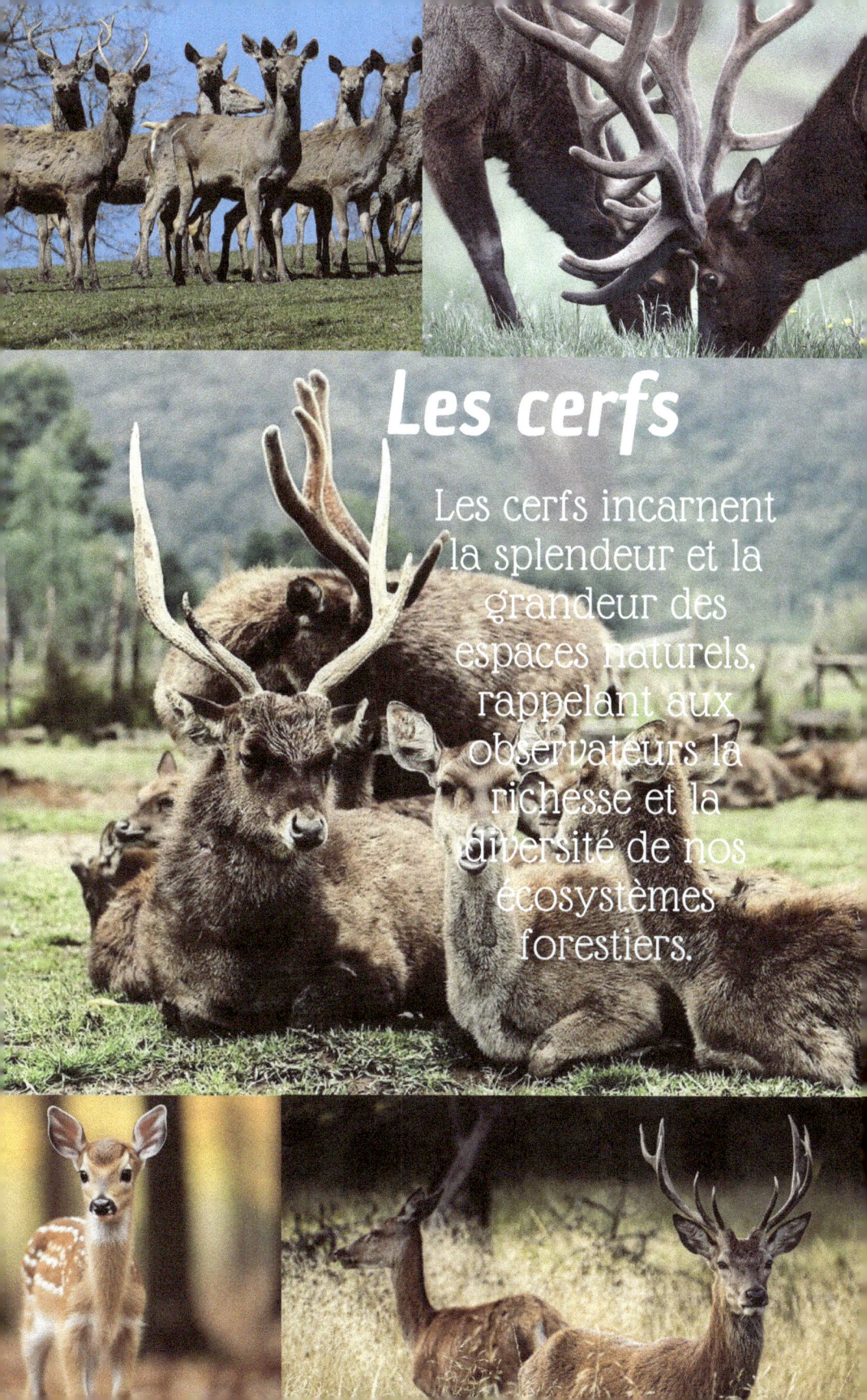

Les cerfs

Les cerfs incarnent la splendeur et la grandeur des espaces naturels, rappelant aux observateurs la richesse et la diversité de nos écosystèmes forestiers.

Les cerfs

Les cerfs jouent un rôle important dans les écosystèmes forestiers en régulant les populations de plantes et en créant des clairières favorables à la croissance de nouvelles espèces végétales.

Avec leur présence majestueuse et leur importance écologique, les cerfs sont souvent considérés comme des symboles de la nature sauvage et de la beauté naturelle des forêts.

N°1 Titre : "Symphonie de la Vallée Enchantée : Quand la Nature Révèle ses Secrets"

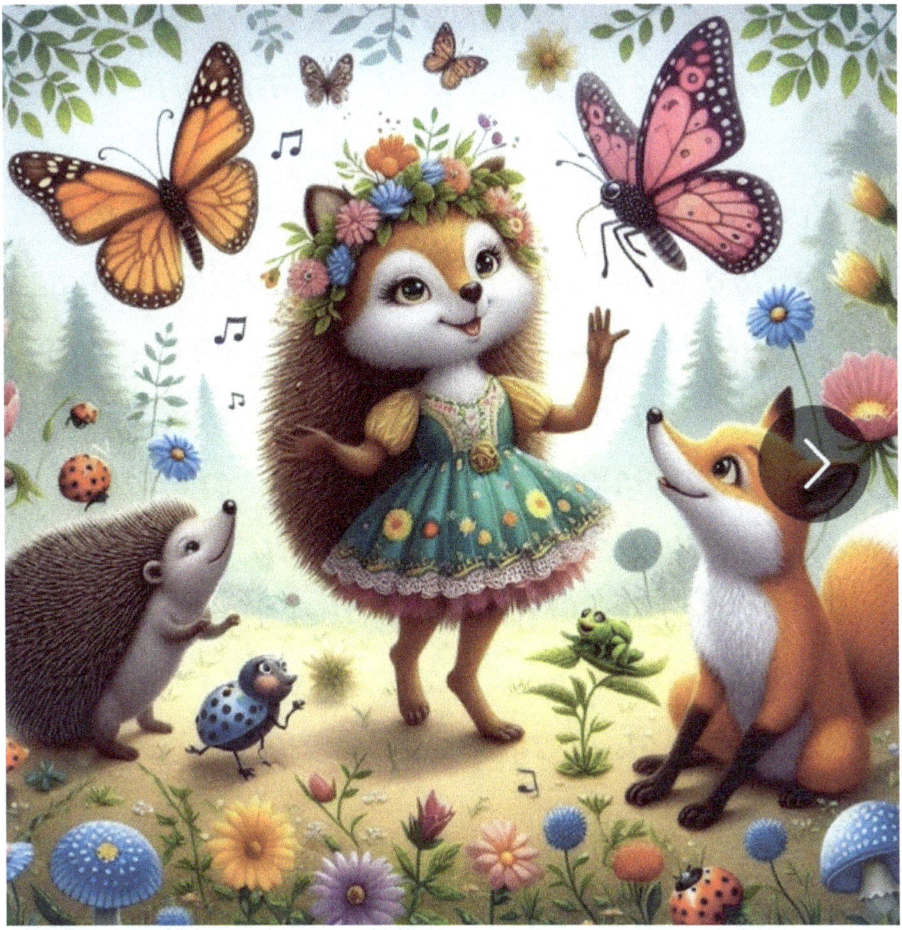

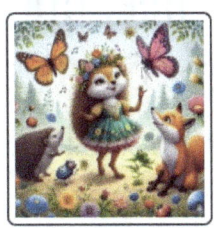
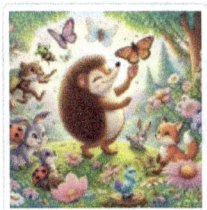
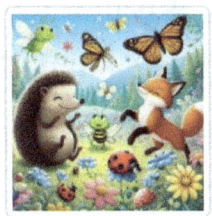
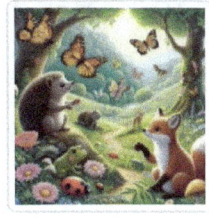

Plongez dans l'univers magique de la vallée enchantée de Pop'SH

Laissez-vous emporter par le rythme envoûtant de la nature, où les animaux dansent au gré du vent et des murmures des arbres.
Rencontrez le hérisson, la coccinelle et le papillon, des amis fidèles qui veillent avec dévouement sur les précieuses fleurs et les majestueux arbres de la vallée.
Imprégnez-vous de la joie de la grenouille, tandis que l'abeille butine pour préserver l'équilibre de cet écosystème.
Découvrez les jeux malicieux du renard et du lapin, où chaque être trouve sa place.

Ce livret vous invite à explorer les secrets et les trésors de cette vallée, où l'amitié et la bienveillance règnent en maîtres, formant une harmonie solide.

N°3 Titre : Le Ballet de la Vie : Harmonie et Joie dans le Jardin Enchanté de Pop'SH

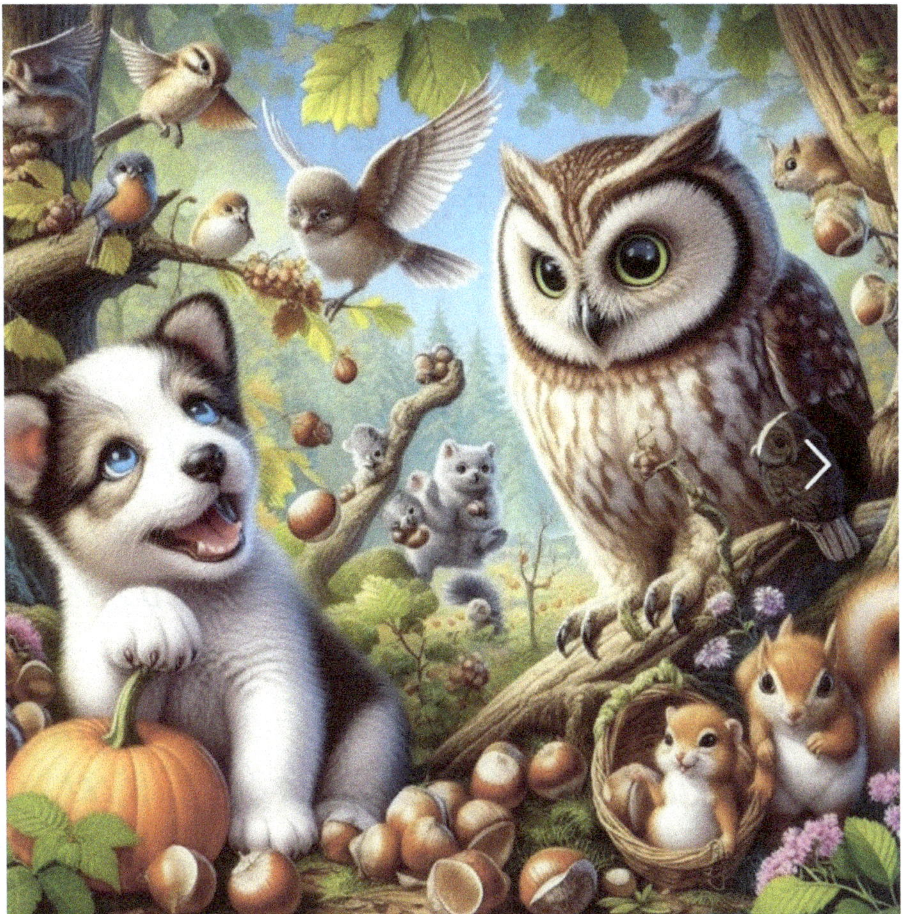

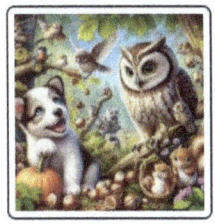
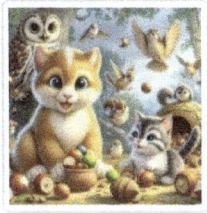
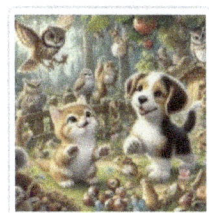
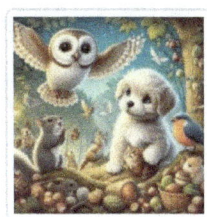

Explorez un écosystème où chaque animal cohabite avec respect et bienveillance, créant ainsi un havre de paix où la vie foisonne.

Suivez les aventures du chaton joueur et du chiot espiègle alors qu'ils découvrent ensemble les merveilles de ce monde magique, sous le regard bienveillant du hibou sage.

Admirez les écureuils jonglant avec les noisettes et les oiseaux construisant leurs nids douillets, chaque geste contribuant à préserver l'harmonie de ce lieu béni.

Au fil des pages, laissez-vous emporter par les rires et les jeux des animaux, mais aussi par la solennité du hibou sage qui rappelle l'importance de préserver cet éden.

Ce livret vous invite à plonger dans un monde où la joie et la préservation de la nature vont de pair, vous transportant dans un jardin où la magie opère à chaque instant.

N°4 Titre : Secrets de l'Île Paisible : Récits et Mélodies dans l'Éden de Pop'SH

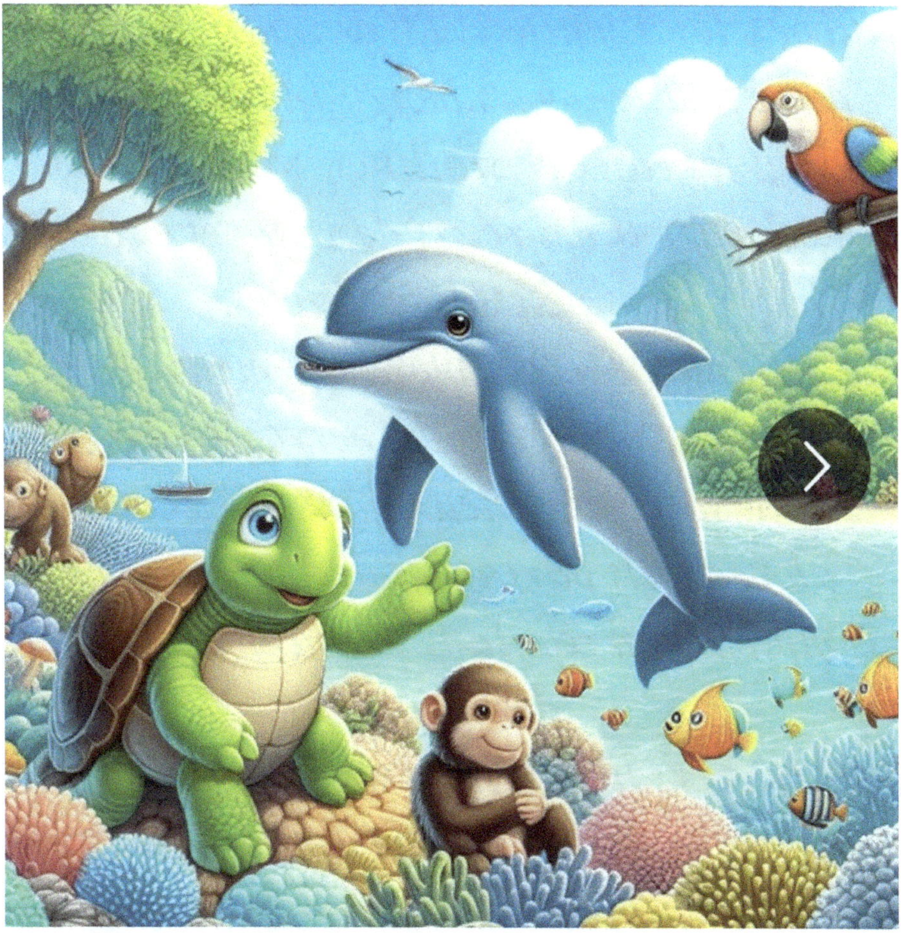

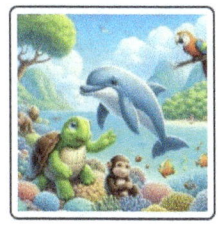
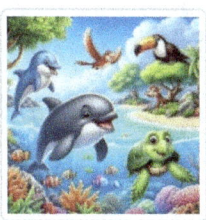
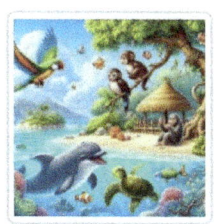
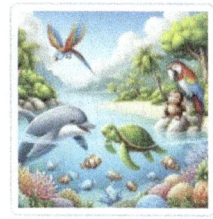

Plongez au cœur d'une symbiose parfaite où les animaux vivent en harmonie, unissant leurs forces pour préserver la beauté naturelle de leur île.

Suivez les aventures du dauphin joueur et de la tortue sage, naviguant côte à côte dans les eaux cristallines, tandis qu'ils échangent des récits de voyages et de péripéties légendaires.

Écoutez avec émerveillement les chuchotements secrets du perroquet bavard et du singe malicieux dans la canopée, alors qu'ils partagent des moments de complicité en écoutant le chant mélodieux des arbres.

À travers les pages de ce livret, laissez-vous emporter dans un monde où la nature et ses habitants s'unissent dans une symphonie enchanteresse, vous invitant à explorer les merveilles cachées de l'île paisible de Pop'SH.

N°5 Titre : Échos de la Prairie : Contes et Douceurs dans le Royaume de Pop'SH

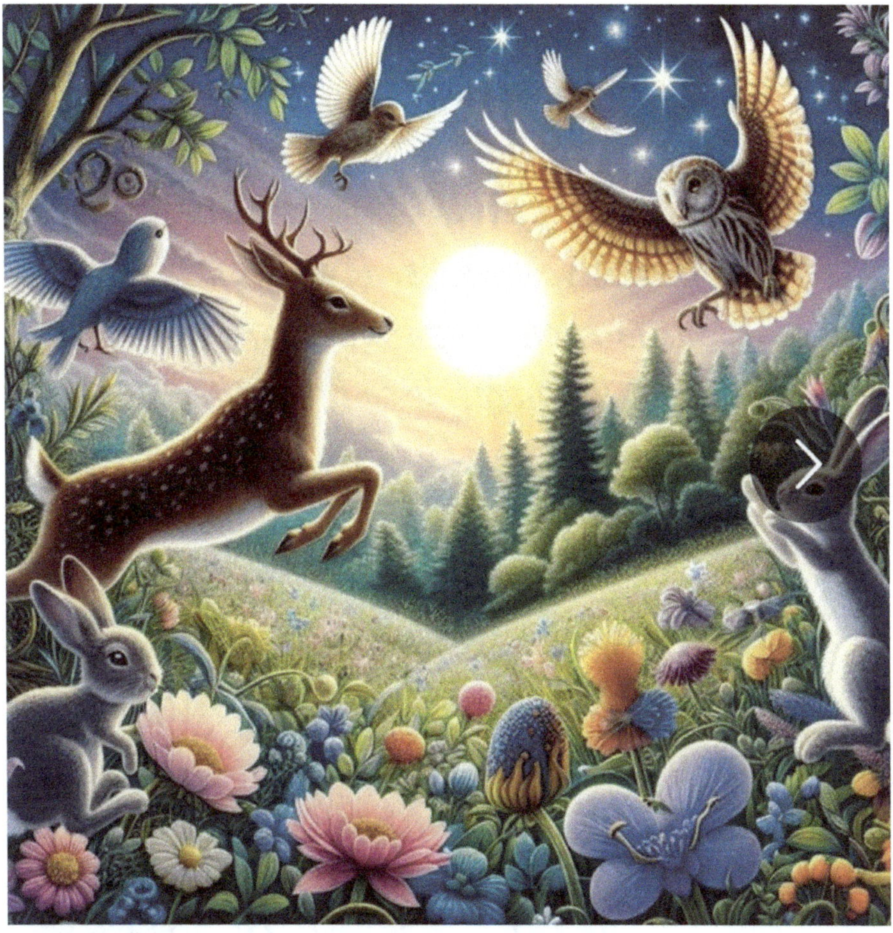

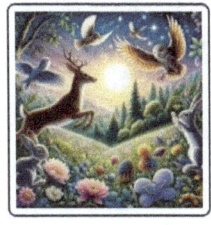
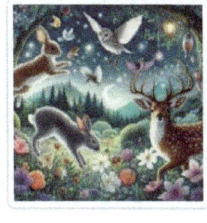
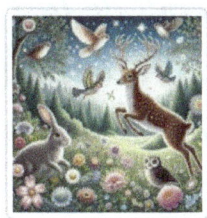
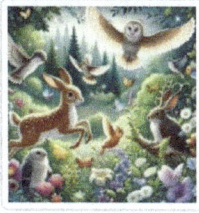

Explorez un monde où la diversité et la beauté de la nature sont célébrées à chaque instant.

Suivez les aventures du lapin qui bondit joyeusement entre les fleurs, tandis que la chouette nocturne veille silencieusement sur le sommeil des petits.

Admirez le colibri agile qui butine les fleurs sucrées, apportant ainsi sa touche de grâce à ce royaume verdoyant où le cerf majestueux règne en maître.

À travers les pages de ce livret, laissez-vous emporter par les histoires douces et émouvantes que se racontent les animaux sous la lueur de la lune.

Imprégnez-vous du murmure doux du colibri et du cerf, témoignant de l'amitié et de la gratitude qui règnent en maîtres dans ce paradis naturel.

Ce livret vous invite à découvrir les trésors cachés de la prairie de Pop'SH, où chaque cri, chaque battement d'aile, chaque pas résonne en parfaite harmonie avec l'univers qui l'entoure.

POP'SH
PROGRAMME D'ORIENTATION PRORE
POUR SYSTÈMES HARMONIEUX.

Adresse et contact

ADRESSE MAIL :

POPSH2025@GMAIL.COM

ADRESSE POSTAL :

BAYLE .RUE SOLITUDE 80 CHAMP GRILLÉ

97160 LE MOULE

France

Lien environnement
https://gratuit-4602711.webadorsite.com/
Lien livre et brochures
https://gratuit-4624819.webadorsite.com/

REMERCIEMENTS

Je tiens à exprimer ma profonde gratitude à tous ceux qui ont contribué à la réalisation de ce livre, qu'ils soient visibles ou invisibles. Merci.

Un merci spécial aux collaborateur, dont l'expertise et le dévouement ont enrichi chaque page de ce livre.

Je suis reconnaissant envers mes lecteurs, dont la passion pour la lecture alimente mon désir de raconter vos histoires. Votre engagement et votre enthousiasme sont le moteur qui me pousse à poursuivre.

Enfin, je remercie la nature elle-même, source infinie de beauté et d'inspiration. Puissions-nous toujours nous efforcer de la préserver et de la protéger pour les générations futures.

Avec toute ma gratitudes "POP'SH"